用靜默擁抱世界

加爾默羅隱修生活的真諦

林保寶 編著

默觀者的眼
觀看人間，
只見天主的慈悲和憐憫；
默觀者的心
繫戀天上，
只望天主的福樂和榮光；
匆匆越過
千萬個變幻
遺留無限
喜悅和芬芳。

目次

卷二

這個家是我的納匝肋

卷三

內心的隱修院

編者的話

到隱修院的路上，心便清澈起來。

經過一〇一大樓，穿越信義快速道路隧道，到了深坑，右轉進入山林小徑，世界立刻翻轉成另一樣貌。山中飄著微雨，浸潤近處竹林，遠山煙霧繚繞，讓一切若有似無。

踏入隱院，不見人影。聖堂裡一盆素心蘭，幾葉蘭草，花香隱約悠淡。小會客室裡，寂然無物。一扇鐵格窗，一個木轉箱，像個濾網，神奇地把花花世界旋轉隔開。

那是天主教最嚴格的隱修院之一，隱修女度著靜默生活，終老院內。祈禱刻苦、空虛自我而至充盈一切。四百五十二年前聖女大德蘭在西班牙革新創立加爾默羅會隱修院，六十年前八位隱修女從美國飄洋過海來到台灣。「勿讓事物擾，勿容俗務纏，萬事如流水，唯主永不變」幾行字，高掛會客室牆上。

不久，格窗後的簾幕拉開，保拉姆姆像溫暖的陽光出現，坐在格窗內，歡喜開朗地跟我們講話，絕看不出年近九十。隔著鐵窗的姆姆，似乎有著遨遊天地的自由。快樂、痛苦、隱修生活，無所不談，直接而動人。

下山時，靜默中卻彷彿充了電般，充滿力量。

姆姆的隱修世界，是什麼樣的世界？引人好奇、嚮往。看似不可思議的格窗，卻隱藏人世間早已消失的真理。

隱修女的畫，樸素單純，如空谷幽蘭。王維詩「木末芙蓉花，山中發紅萼。澗戶寂無人，紛紛開且落」，與西班牙聖十字若望詩「寧靜的深夜於黎明出現之際，默默無聲之樂，萬籟交響中的獨居，舒暢深情的晚宴」一樣美。

隱修院是個謎。「序曲」經由畫家奚淞與聖三保拉姆姆的對談，直探隱修真諦。「卷一」藉隱修女的畫，如實了解隱修生活的面貌與角落。「卷二」是加爾默羅會隱修院在台灣五十年的建院故事；十年後的今天，選取精華、保留隱院修女自述的原貌呈現。「卷三」從隱修院的生活方式及經驗分享，讓人用心面對真正的需要，找到自己內心的隱修院。

願加爾默羅山上的恩寵和芬芳永遠留存在您心中！

序曲

隱修四帖

第一帖

格窗內外

奚淞與保拉姆姆談隱修生活的真諦

許多第一次聽見天主教有這樣嚴格「規矩」隱修院的朋友，不禁心生好奇，「為什麼要把自己關進隱修院呢？」鐵格窗引起兩種截然不同的感受：荒謬或是嚮往。

那是個什麼樣的世界呢？修女可以出門嗎？她們吃什麼？誰送東西給她們吃呢？生病怎麼辦？不能講話會不會很難受？關在裡面，會不會沒自由？不會無聊嗎？隱修院的生活苦嗎？想離開過嗎？

畫家奚淞是虔誠的佛教徒，在日常生活，真實而湛深的隱居修行中，洞見天主教與佛教相通的深處。引他進一步探究的是痛苦而不只是快樂，在第一次探訪深坑隱修院的保拉姆姆時，他分享藏傳佛教師父、達賴喇嘛的智慧，並問姆姆：「遇到痛苦，怎麼辦？隱修的意義在哪裡？我們這些平凡人，和基督所受的痛苦之間的關係是什麼呢？為什麼限制反而帶來自由呢？天主教裡，怎麼看聖母？如何看到自己的真相？」

奚淞環環相扣的提問，讓保拉姆姆說出：「越在格窗裡面，我就越喜歡外面的人。」為什麼？

奚淞（左二）探訪深坑隱修院的保拉姆姆。

格窗內的保拉姆姆。

人的進步，是在痛苦之中取得意義

與談人：
奚（奚淞）
姆（保拉姆姆）
林（林保寶）
黃（黃銘昌）

奚：痛苦就是一種快樂，您曾說世上真正的寶是痛苦，這要怎麼解釋呢？

姆：人生不論痛苦或快樂，接受的能力都是一樣的；接受痛苦的能力，其實就是接受快樂的能力。只是現世的痛苦比較多，快樂比較少。比如前陣子過年，我真是快樂得不得了。小修女們熱鬧得很，覺得跟她們在一起，自己好像也變年輕了。過年後，又回復到原本的生活。

快樂比較膚淺，痛苦比較深刻，痛苦會留下來，不容易離開。然而，痛苦有它的意義。隨著歲數的增長，許多原來的痛苦都不再是痛苦了。所以人的進步，是在痛苦之中取得意義。如果這個痛苦能幫助我找到人生的意義，是有價值的，那麼我為什麼要不喜歡痛苦？

小時候讀書，背不出書來，老師便會打我的手心，那時多痛苦；但後來發現，這些痛苦所逼出來的東西，是多麼的有價值。痛苦改變了我，我覺得這個價值非常深刻，因為我需要改變啊！比方說我的脾氣和個性，讓我對什麼東西不滿意、或與別人發生衝突的時候，我會問自己為什麼這樣。有了這些改變，痛苦就不是真的痛苦了。

奚：所以當遇到痛苦時，是不是就會把它們當作考驗而覺得歡喜？

姆：要慢慢地才能這樣覺得。我們天主教的人說：「天主讓這樣的事情發生，一定有祂的旨意。」你也許會問，我怎麼知道這是不是祂的意思呢？然而，只要和天主交往習慣了，就會了解這便是祂的旨意。當然天主的旨意是為了我們好，那是因為祂愛我們；哪個父母不愛自己的兒女呢？然而天主不是人，所以祂的愛更加深刻而全面。所以一旦事情發生了，我們一定很快就能理解祂的心意，這件事情必定是為我們好的。開始的時候可能會不知道愛在哪裡，得慢慢找，後來慢慢習慣了，馬上就能知道了，有時還會想：「原來祢讓我經歷這些事情是為了這樣啊！」

為別人的心而痛苦，自己的心才會越寬大

奚：我們這些平凡人，和基督所受的痛苦之間的關係是什麼呢？

姆：我對您這個問題的回答是：基督所受的痛苦是為每一個人，祂愛每一個人，因為每一個人是祂的。我們不要把基督徒和佛教徒，或者其他人分隔得如此之遠。在天主的心目中，都是祂心愛的孩子啊。我也看過許多佛教的師父，許多人的修行真不是我能趕得上的。其實，這就是找到天主的前奏，而且人家的確已經走得很遠了。畢竟哪天我們眼睛一閉的時候，我們就都是天主那裡的人了。

只是因為我知道了耶穌為每一個人受苦，每一個人是祂的，所以我就相信了祂；同樣地，佛教、回教、印度教也都是。每個人都可以相信天主，儘管他可能不知道，但重要的是他所相信的東西能夠改變他多少。一個人的

心如果更像是天主，那麼他就跑得快一點。

奚：是不是人在痛苦之中，才更容易進步呢？

姆：對，因為痛苦才能真正改變人，快樂可能只能持續半天而已。如果能為別人的心而痛苦，這個人的心才能越來越寬大。痛苦會增加一個人的智慧，讓人看得更遠、更深。這就不是聰明不聰明的問題了。

奚：幾年前我遇到一個藏傳佛教的師父，他從小就被訓練成為佛學教師，學問深厚，但被共產黨關在寺廟裡，連如廁都只能在自己的小小房間裡，實在是極大的凌虐。甚至連唸經也被禁止，所以守衛會監控他的喉結是否在動，就這樣被關了二十九年。但當我看到他本人時，光是走近就能感受到一份慈悲的磁場，有如沐春風的感覺。這種「自他換」的修行真的很不容易：我願受苦，讓你得到快樂。但願我受的苦，能成為你成佛的緣。他最擔心的就是自己會生氣。但我真的很少有這種接近一個人就能感受到慈悲磁場的經驗。的確，這也是一種接近天主的方式。

姆：是的。痛苦有時會讓人更加堅硬，想要粗暴地衝撞痛苦，但有時也能讓我們脫離自己而變成如光如火吸引人。

奚：那要怎樣才能讓人變得柔軟，而不是變得過硬呢？

姆：用天主教的話來說，這就是天主給的恩寵。從痛苦中走出來的人，才能更清楚地看到自己是個什麼樣的人。光是看別人，學不到什麼；但如果還能觀照自己，才能看到自己的缺乏與限制。謙下自己的人，他的心大概是柔軟的。

我們現今的教育都教導人要往外看，所以會把所有的不愉快歸咎於大環境。那樣的話，我們就會去找理由。但其實，我們每個人都是有限的，只有自己能夠認識真實的自己。唯有不害怕看到自己有限，我們才能從中得到痛苦的益處。

接受、看到得越多，才能認清自己

奚：要能夠看到自己的真相也不容易啊。但究竟要如何才能真的敢去看呢？

姆：這就是一番磨練了！比如別人在有意無意間傷害到你，就應該要學會聽進去、讓它發生，忍耐一下。事情一旦過去了，一樣又吃得下，睡得著。慢慢的，能接受的就會越來越多。苦難都能順利走過，問題就不是別人引起的了。

因此，我們沒有必要給自己找那麼多麻煩；在別人面前丟臉，自己記得那羞辱無法放下，但也許別人早就忘記了。所以與其讓那些羞辱來困擾自己，不如想想自己為什麼失敗、為什麼感到羞辱。如此一來，就能慢慢觸碰到真實的自己；過去的我可能將自己抬得太高，處處與人攀比，但也許最後才會發現未必真是如此。所以，如果我們接受得越多，我們能看到的東西也就越多；看得越多，也才能靠近認識真實的自己，理解到自己可能自恃甚高。

跟別人怎麼看自己相比，真實的自我才是更重要的。接受了自己的愚笨，才能真正長知識，也才能真正感覺到快樂。

奚：我好像就是這樣子。（笑）常常回過頭來發現自己愚蠢的地方。

姆：所以別人就無法羞辱你了，因為都心知肚明了。而且對方可能還不夠認識我；假如真的認識我的話，他可能還會知道絕不只有這些。所以您真是一位由內心喜樂的人，很容易看得出、體會到！

林：我這幾天在整理書的時候，發現一個很大的寶藏，那就是聖女大德蘭提出的「謙虛」。她說若要跟天主交往，得先學會謙虛。因為唯有謙虛，你才能真誠認識自己；如果你以虛假的自己祈禱，那麼所有的祈禱也都會是假的。

姆：對，謙虛就是真理：事實是什麼樣子，就是什麼樣子。我們總會歪曲事實，讓事情看起來對我們有利一點；講話時總要美化言辭，好讓別人覺得我們有智慧。我們以為自己找到了真理，其實這種真理一點都不安全，哪天可能就突然瓦解了。其實瓦解了反而還好一點吧，讓我們有醒悟的機

因為不再懼怕，所以喜樂

會。

奚：因為誠實、醒悟而得的喜悅，是不是又是另一個層次的喜悅了？

姆：那種喜悅就是自己覺得很自由、很輕鬆，也就是說事情或別人沒辦法左右你，因為你不為了他們。從前可能會為了在別人面前顯示自己的好，這就是很不自由，很累，壓抑、緊張、特別是懼怕很影響人。一個人喜樂的原因，因為他不再懼怕。我是什麼就是什麼，你說我好也好，說我不好也好。一個人沒有懼怕，會自由得多。沒有懼怕的人不大會緊張、壓抑、憂鬱，這些會慢慢消失。可能你自己也不大體會到，但是你會發現自己很自在，很自由。慢慢這自在自由，我們說越來越親近天主。您說的「另一個層次的喜悅」，我認為那是與主密切交往的層次。

就像剛剛講到的那位師父，真正讓人感動、羨慕，也很喜歡的。你在那位師父的身上所看見的真是了不起，覺得有份很深的親近，雖然我未曾謀面、也未曾聽過他講話，但已經覺得好親近。我奔向的路，也是他走的路。我覺得人生的美是這個。

奚：有位曾經長期隱修的修行者在出關後做了許多好事，他問達賴喇嘛是不是應該再去做其他勸募的活動呢？可是達賴喇嘛居然說，你應該再去隱修，才會對這個世界有更大的貢獻。這個我覺得很微妙。姆姆對於達賴喇嘛這樣回答有什麼看法？

修行能開啟一切美好和大能

姆：我覺得這要看一個人的價值觀。有的是可見的世界的價值觀，可以推動進步，這是好的；另一種是不可見、不在這世上的價值觀，達賴喇嘛看到的便是另一個價值觀，也就是精神的價值觀。後者的力量在哪裡？那就是真、善、美這些東西。達賴看的是什麼？他看的是：一個人的力量若和精神結合，影響力與力量都會增大。這就是看自己的修行。

我們說，這就是重現天主的旨意；一切的萬好都在天主那，祂可以自由地賜給需要的人們。這其實就是我們價值觀的問題。正是憑著價值觀，我們跑了一輩子才能到達這裡。所以一個人的價值觀將會決定一個人。一個人的價值觀追求的若是發財，他的努力便會放在那上面；追求的若是行善，他的力量也會放在那上面。達賴喇嘛說的到深山裡去修行，這就是最高尚的價值觀，我想是這樣子的。因為達賴喇嘛相信，我們也如此相信，修行能開啟由上而降下的一切美好和大能。

奚：是啊。有個記者採訪達賴喇嘛，有點同情他，說他年紀這麼大了，可能一輩子都回不去西藏，要在達蘭薩拉終老，這年老的生活可怎麼過呢。達賴喇嘛就回答：如果不能回到西藏，那我就在達蘭薩拉也沒什麼不好啊。如果我餘生還有幾年的話，我願意像頭受傷的野獸，遁隱到深山裡頭，找一個隱居的地方，然後全心全意地來修佛學。姆姆覺得這樣的想法如何？

姆：我覺得很好；如果我人不是在這裡，我也會跑到深山裡去。不過我喜歡美的地方，可不希望住到洞裡頭去，那可受不了。我得出來看看陽光、看看美麗的花，呼吸點新鮮空氣，甚或唱點歌，不然我可會憋死的。但認真去了解達賴喇嘛的想法，即便我們受傷，佛或天主永遠不變，而且處處都在。所以無論在哪裡都可找到祂。重要的是「一個隱居的地方」，我認為我的心要安靜定住，就可「全心全意」愉快的修。

奚：有小花園、小菜園？

姆：對對對，還有個木頭的房屋！周圍最好有漂亮的樹，還有可以撿果子的地方。我好像要求的有點太多了吧？（笑）

奚：我們需要修行的人去見證這種精神的價值。他們在不知不覺之中會帶給我們影響，比如我們看到他們如沐春風的那種感覺，就像看到姆姆就有陽光的感覺。（笑）

姆：其實要看一個人確信的力量。如果一個人做事情有那種力量、那種熱火，那便會影響人。做好事的人很多，但如果力量只停留在自己身上的話，其實還有很多力量是還沒發揮出來的。如果一個人相信的力量非常堅強，儘管他可能沒有這麼聰明，但那股力量會顯現出來的。人不只是一個人的存在而已，他還有兄弟姐妹，「四海之內皆兄弟」。

我們教會也說要幫助所有人，那不是靠有沒有錢、聰明不聰明，而是看你幫助別人的力量有多強。我覺得那是另一個境界的力量。一個做大官的，不見得可以影響多少人，但一個無名的人若變賣了一切，像印度的德雷莎修女身無分文，卻真正影響了這麼多人。憑什麼？這憑的就是她的信念！她相信這條路是正確的，而且能出多少力就出多少力。這就是真正能感動人的力量，使其他人能團結起來。

可是奚淞您說的是「精神的價值」和「影響」，所以我想您指的境界，其實不是在我們做什麼，而是我們是什麼。我認為那是更重要的境界。

真正的愛是把自己所有的給予人

奚：**我也想到聖方濟對自然、對生命的愛。**

姆：對，如果那愛是出自於自己，那也不是多了不起的愛。但我相信耶穌造化了每一個人。聖方濟哪裡像耶穌？我說，就是他心裡滿滿地像耶穌一樣，所以他親近萬物，就算是野獸亦然。傳說狼聽他的話，鳥也聽他的話。我想，原初的人就是這樣的吧？萬物都是和諧的。後來惡進入了我們的世界，野獸開始吃人了，於是我們開始懼怕了。但原初的人是不該懼怕的，因為野獸也是天主的創造啊。聖經上說，老虎原來還是吃草的呢。

我很喜歡聖人奧斯定說的：「主啊，祢已經如此富有，卻還願意造化人，為把自己所有的給予人，所以我一直在找祢，找到了才能安心。」註 這句話帶給我很多感想。如果天主造我，是為了給予我祂的富有，那麼我拿了這些富有要做什麼？我不想只給自己，我也想像天主一樣分享給別人。天主如此豐滿，給予我們愛，應該與別人分享，不該想著如何傷害別人。還有，愛是團結的力量，惡是分裂的力量。有愛的地方，人們便能聚集在一起，有惡的地方，人們便會走避離散。天主教的聖三是聖父、聖子、聖神，聖神把父和子的愛連在一起，也把我和每個人都連在一起。因此，如果真有聖神的話，我不會使人分裂，我會使人團結。真正的愛是：如果我有一碗飯，我要給你一半；願意和別人一起，就是真正的愛。越在隱修院的格窗裡面，我就越喜歡外面的人。

註：聖奧斯定的禱文：「我生活而真實的天主啊！我遲至今日才知道愛祢。祢的美亙古常新，而我遲至今日才知道愛祢。祢在我內，我卻在我外，我在外邊尋找祢，想要以美麗的受造物來填補我的內心，它們使我遠離祢。然而若無祢的大能，世界上根本就不會有它們的存在。主啊，我們是因祢而受造的，除非憩息在祢內，我們的心靈將不得安寧。」

奚：能解釋一下什麼是「越在格窗裡面，我就越喜歡外面的人」嗎？

姆：在格窗內與人交往，沒有什麼雜念；如果有人大老遠來看我，不管認不認識，我都會當作是朋友。所以與人交往的時候，我不會有所防備，只是自然地接受美意與善意。我想我要說的是格窗裡面的我們，習慣看的是內在而不是外在的價值，所以常常看到的是外面的人的可貴可親可愛。我想

越在格窗裡面，就越喜歡外面的人

這也是天主看的吧。

奚：為什麼這種限制反而帶來了自由呢？

姆：因為限制，使很多我們原本需要的東西不存在了。也因此，越離開社會，反而越能深入社會。我要如何解釋您所提的「自由」這兩個字呢？我心裡所想的是「空間」，外在的限制在心裡產生了空間，使人有比以前更深、更廣的欣賞能力。

現代人都住在公寓裡，鄰居彼此不相往來；反觀我以前住在東北的時候，走到鄰居家可能要花上五分鐘，但彼此在心理上的距離卻是親近的。我想，這是相同的道理。我常常想起一〇一大樓裡的人們，掛念他們過得好不好，希望天主保佑他們，不要發生意外。所以，物理的距離越遠，心理上距離反而越親近。整天在一起，可能久而久之就煩膩了；久久見一次面，反而會覺得很親密。我想這就是人間的奧妙吧。

奚：那像您在修院裡與其他人的關係親近嗎？

姆：那當然是很真實的關係，要磨合的地方很多啊！（笑）因為每個人的個性都不一樣。而且我們辛苦的地方在於：一旦入會了，每個人都要一輩子共處；不論吃飯、祈禱，一輩子在你身邊的人都是同一個。

奚：這苦嗎？

姆：當然苦啊！但如果沒有經過這些磨練，你不會認識真實的自己。比如你若不喜歡一個修女吃飯的樣子，想改變她吃飯的方式，她又為什麼要聽你的呢？所以最要緊的是改變自己、看清自己。要知道這是別人的事，她怎麼吃飯，與你何干呢？這是重要的功課。

我覺得日常的修練與祈禱是同等重要的功課，必須一起進行。如果一個人整天祈禱，卻沒辦法和別人相處好，那麼這個祈禱就不是太真。這就像只知道理論，卻沒有力行，那麼無論爬多久都無法抵達目的地。這也就是「真實」的意義。一旦真實了，人才有基礎、才能開始穩定，而這個基礎是不論外在世界如何改變，都無法動搖的。

奚：這回到義大利去了很多城市，覺得宏偉的聖母院真是美麗。讓我特別感動的是裡頭聖母抱耶穌的雕像，彰顯了母性的價值，好似嬰孩出生即知道自己會被好好照顧。那麼在天主教裡，這種慈母的意象，是怎麼被理解的？

姆：基督教的人整天嘲笑我們，說我們朝拜聖母。我們哪裡有朝拜聖母呢？聖母也是人，她與我們這麼親近，只是她有特別的恩寵，沒有惡在她身上。但聖母的思想與心情最像耶穌。耶穌在天堂大可以享受永久的福樂，卻偏偏要來人間受這些苦；聖母則是最靠近耶穌的人，知道耶穌為什麼要這樣做：不是為了自己，而是為了人類。

聖母也不是馬上就能了解，而是慢慢地體會，直到耶穌被釘在十字架上，她還是陪伴在耶穌旁邊。這時她就理解，原來她的命運就是要從耶穌手裡接收這些人；把耶穌還給天父，她則變成了這些人的母親。所有人，不論是痛苦的人也好，掙扎的人也好，都是她的孩子，她可能忍心丟下任何一個嗎？當然不可能，就算到了世界末日，這都會是她的責任。

而我們要如何表達她的心情呢？於是我們就在她的形象上讓她抱個小孩子。有人以為抱的是耶穌，但她抱的其實是我們每一個人，要告訴我們不要擔心，沒有什麼事情她不能幫忙的；就算所有的人都顧不到你了，你還有我啊。所以我們是從這裡出發去愛聖母，哪裡是朝拜聖母呢？

奚：這樣說來，基督教是不是太強調人類的父性，忽略了母性呢？

姆：其實我也不懂基督教的人，他們有他們的看法。他們覺得一切的真理就在聖經裡面，全心全意相信天主說的話就夠了，不需要太過複雜，還去區分聖母、聖人。我覺得，我們不但也有這些真理，還多了一個媽媽，說起來天主教很佔便宜啊！（笑）

母愛的力量
支撐起一切

奚：而且不論在東方或是西方，只要有女性出現，戰爭就很容易消弭。

姆：是啊。女人是孱弱的，誰會願意欺負一個弱者嘛。就像聖母會想盡辦法說情，只要孩子好就好了。所以在人神之間的管道，瑪利亞是重要的。教宗方濟各最近提到，我們應該要研究神學裡頭的「母性」是什麼，因為現在的神學是研究天主的真理。天主創造女人是為了什麼？為什麼需要男女兩種性別？如果只是要世界強盛，要男人就夠了，他們聰明又能幹。但女人是男人的伴啊，就像聖母支撐著耶穌的事業。

奚：在聖伯多祿大教堂看到米開朗基羅雕刻的「母愛像」（Pietà），米氏居然把聖母表現成是個不滿二十歲的童貞女，卻抱著從十字架下來的耶穌，實在是太美了。

姆：是啊，那表情太美了，既不是軟弱，也不是悲情，而是溫柔。這就是女性之美所在的地方，好似世間一切的對抗與暴力，都能在聖母那得到平安。

奚：那大理石雕刻的聖像，聖母的白袍紋路曲曲褶褶，十分細膩；有人說如果聖母站起來的話會讓人嚇一大跳，因為照比例來看是那麼弱小的人，但若要支撐住耶穌的重量，那應該是個巨人才可能啊！

姆：實際上，聖母不可能支撐住耶穌，那是不是米開朗基羅在暗示聖母支撐耶穌的力量是來自她的母愛？這使我又想起您講的故事，包括達賴喇嘛和被關起來修「自他換」的師父，我要講給修女們聽，太了不起了，達賴喇嘛真有智慧。

奚：被關起來的師父說：「我願受這苦，成為你成佛的因緣。」

姆：耶穌祂的苦難，祂被釘在十字架上受苦。耶穌代替每一個人受苦，愛人到這個地步。

奚：真高興！姆姆今天講的給我好多啟發。

姆：您也是那麼快樂，您內心的喜樂和您的精神也給我很深的啟發。

黃：姆姆入會時有沒有掙扎過？

姆：當然有，可是我對人生真是像個小孩子一樣，滿身就是喜歡玩的人，很喜歡也欣賞生活的人。一旦覺得這就是我的家，我一輩子會在這裡了。我也不曉得這種感覺是怎麼進來的，進來後就一直沒離開過我。一入會就是這個生活方式，和世俗裡的生活方式很不同，我又是在美國入會，真是不少掙扎，但不久我習慣了，便覺得不管哪一國的同伴們，都像是親姊妹一樣。一步一步走過來，修道的過程中慢慢深入祈禱，深入修道生活本身是怎麼一回事，越來越清楚的時候，我就覺得沒有比這對我更合適的生活

修道生活裡，要放開自己，不上自己的當

了。

奚：所以一個是祈禱，一個是生活，兩個東西要平衡。

姆：對啊。一個是祈禱，一個是生活，而且這生活是磨練的生活。好在那時年輕，磨練的掙扎不會使我垂頭喪氣，睡了一覺，第二天又好得很，就這樣走過來。不知不覺，生活的意義就出現了。當時你不懂，但是走一段之後回顧，就會看見意義在這裡。好在我沒有跳掉，如果當時我跳掉的話，就可惜了。

在修道生活裡面，最不上算的事情就是你能找方法跳掉。你要放開你自己，才能從中得到真正的意義在哪裡。可是有的人很聰明，用方法跳掉，比如說打掃廁所實在是一件苦差事，要特別乾淨，我們那時候，沒有手套，冬天夏天照樣來。冬天很冷水很涼，要花上一個小時在那刷廁所，有的人用感冒的方法跳掉，被抓去做替身刷廁所的人只有承擔了。

實際上，得到好處的是這個傻瓜，而那個聰明的人反而跳掉了，她很難脫離自私自我，這東西折磨人比冷水更厲害，冷水不算什麼，可是自我和自私把你把握住，真的是很久很久不能自由，你的思想越來越複雜。修道過程中，我越來越體會到，其實我最大的障礙，可以說是自己，最大的敵人是自己。別人害不到我，可是我可以到處害自己。等省悟這點，我懂了，

人的一生是「恩寵上加恩寵」

我要注意的是自己，我自己不要上我自己的當。

奚：這種進步的感覺，是不是一直在開展，還是有限制？

姆：我體會不到我進步，體會到的是碰到事情時，越來越清楚我要怎麼做，而且越來越清楚只有這條路。可是在這路上就會碰見更大的障礙，但我知道障礙就是成長。我們說人的一生是「恩寵上加恩寵」，是充滿希望和感恩的無限旅程。

奚：姆姆已八十八歲，會不會覺得我已經修行好了，還是還會有……

姆：還會有不少很意外的事情。突然間，會發現自己為一點小事情生氣。人的個性，不斷的學也不斷的改變。以前的我十次有十次冒泡（生氣），現在十次大概有一次冒泡，其他九次都平安過去了，一點都不打擾我。人生真是很有意思，如果我心裡完全平安，我不該在世上了，應該在天上了，因為那太像天上的生活了，世上的生活就是世上的生活。這樣的話，我看別人冒泡，我也不會驚奇。

其實，這都是我們更認識自己，我很喜歡能看到真實的自己。因為這是天主所接納的和疼愛的我，是祂自己所淨化的和聖化的。其實，每一個人都是天主的傑作，祂所喜愛的獨一無二的傑作。我們要珍惜這真實的自己。

芎林隱院格窗內的修女們散心。

第二帖

加爾默羅會的創立和四位聖人

勿讓世物擾　勿容俗務纏
萬事如流水　唯主永不變
忍耐勝一切　有恆意志堅
躺爾懷吾主　可如磐石安

或受苦或死

聖女大德蘭（1515-1582）

「如果在這世上能有天堂，這修院就是天堂。」天主教赤足加爾默羅會會母聖女大德蘭說。五百年前大德蘭生於西班牙亞味拉，二十歲進入緩規的加爾默羅會修道。一五六二年得天主默啟，創立第一座革新的嚴規加爾默羅會隱修院——若瑟隱修院，重整隱修精神，度完全貧窮的生活。

「凡以取悅天主為樂，且又輕視悅樂自己的人，為她這裡的生活是快樂幸福的。」大德蘭說。一五六八年聖女大德蘭和聖十字若望會晤後，男修會的整頓也隨之展開。大德蘭一生在西班牙創立了十七座女隱修院，十五座男修院。若瑟隱修院成為幾個世紀來許多嚴規赤足加爾默羅會隱院藍本。台灣的新竹芎林和台北深坑兩座會院，就是傳承大德蘭精神的隱院。

「或受苦或死。」聖女大德蘭為愛主耶穌交出一切，付出一切，這是她心所願，所渴望。教宗保祿六世於一九七〇年，封聖女大德蘭為教會聖師。「我是祢的，我為祢而生，」大德蘭一生用靈魂詠唱對天主的愛：「隨祢要我在這裡或那裡，祢要我做什麼。」

蒼天屬於我，大地屬於我。
普世萬民屬於我，義人、罪人屬於我。
天使屬於我，天主之母屬於我，萬般事物全屬於我。
天主本身屬於我，且為了我，
因為基督是我的，且全為了我。

純潔的愛

聖十字若望（1542-1591）

聖十字若望是被愛抓到的人，很甜很柔，很隱沒。「如果一個人在尋找天主，他的心愛主更是在尋找他。」這是聖十字若望傳達給我們的天主。一五四二年生於西班牙，十字若望是默觀者、神祕學家、詩人。與聖女大德蘭合作，改革加爾默羅修會，是加爾默羅會會父。一七二六年列聖，一九二六年被封為教會聖師。

天主到哪裡去了？「天主隱藏在我們的深處。我們之遇不到祂，在於我們不在那裡。」十字若望在《靈歌》第一章中回答。十字若望善用比喻，解說默觀。「我的愛人是綿延的崇山峻嶺，孤寂的森林幽谷，奇異奧妙的海島，淙淙迴響的江河，撩情的微風輕呼。寧靜的深夜於黎明出現之際，默默無聲之樂，萬籟交響中的獨居，舒暢深情的晚宴。」

聖十字若望「以愛注視天主，卻不渴望感受或理解任何關於祂的個別事物」。他信，他的所在和所遇都是出自慈父之愛，在祂之外，別無所求。「純潔的愛對於天主和靈魂都是更為寶貴的，」十字若望說：「且更有益於聖教會，遠勝於其他所有工作的總和。」

我要成聖，但我自覺軟弱無能，只有懇求祢，以祢的聖德為我的聖德。

為求我能在完美的愛中生活，我甘作全燔之祭，自獻於祢的慈愛。求祢不斷地焚化我，讓蘊藏在祢內的無限溫柔，似洪流般淹沒我的靈魂，這樣我就能因愛祢而致命了！

啊！我的天主，願這愛情的犧牲，把我裝扮好出現在祢面前，使我終於因愛致命。我的靈魂將直奔到祢慈愛的懷抱裡，永遠地擁抱祢。

吁，我的愛，我的心每跳一次，就要重複一次我的奉獻，千遍、萬遍，直到日影消失那天，我能永遠地和祢面對面，傾訴我的愛情！

我的聖召就是愛

聖女小德蘭（1873-1897）

「愛形成了它自己的宇宙，包括了一切時空——那就是永恆。」聖女小德蘭說。小德蘭生於一八七三年，十五歲成了法國里修足不出戶的聖衣會隱修女，二十四歲過世。一九九七年聖女小德蘭被封為教會聖師，她的聖髑安放在一精緻木箱裡「環遊世界」，至今已到過五十五個國家，二〇〇〇年小德蘭還曾來過台灣！

「做一個聖衣會修女，且藉了與祢結合，作為靈魂之母——那一定會使人感到心滿意足了吧，」聖女小德蘭說：「但也並非盡是如此。」在她成為聖衣會隱修女六週年紀念日時，她的內心感到「除了這聖召外，我覺得還有好多別的聖召似的！」小德蘭感到她要「做一位戰士，一位傳教士，一位宗徒，一位聖師，一位殉道者」。

最後她找到天主為她指定的「位子」（聖召）。「那只是深深的含蘊在慈母心中的愛，愛包含了一切聖召，」小德蘭說：「愛——那是我的聖召之鑰。我已尋覓到我的聖召，而我的聖召就是愛！」

我的天主，我所崇拜的聖三，請幫助我徹底忘記自己，使我能定居在祢內，那樣的穩定與安寧，彷彿我的靈魂已在永恆裡。

不要讓任何事物擾亂我的平安，或使我離開祢。

永恆不變的主！但願我能分分秒秒深入祢那奧祕的深淵裡。

請安撫我的靈魂，使之成為祢的天堂、祢心愛的居所、祢安息的地方。

願我永不留下祢獨自空守，惟願我全心全意常相陪伴，

願我懷著完全醒寤的信德，全神地朝拜欽崇，毫無保留地順從祢的創造行動。

頌揚天主的光榮

真福聖三麗沙（1880-1906）

一九〇六年，聖三麗沙修女逝世於法國狄榮聖若瑟加爾默羅隱修院，她在會院內只度過了五年零六個月。一九八四年十一月二十五日教宗若望保祿二世封她為真福，她是二十世紀第一位被列為真福的加爾默羅會隱修女。一九八〇年教宗若望保祿二世在法國進行牧靈之旅時曾表示，聖三麗沙修女對他個人深具影響力。

聖女小德蘭在〈格林多前書〉找到了她的聖召就是愛，真福聖三麗沙在保祿宗徒書信找到了「頌揚天主的光榮」。「頌揚主榮者，就是一個生活在天主內的靈魂，懷著純潔無私的愛，愛天主，」聖三麗沙在《信德的天堂》筆記中描寫：「在我們靈魂的天堂裡，讓我們成為頌揚聖三的光榮頌。」

「頌揚主榮者的靈魂是靜默的靈魂，是一個以信德和單純凝視天主的靈魂。」一九〇四年十一月二十一日，聖母獻堂紀念日，她重宣聖願的日子。那天晚上聖三麗沙寫下「聖三禱文」。

聖三麗沙臨終前說：「我覺得，我的使命是吸引人靈，幫助他們離開自我，以完全單純和愛的行動把握天主。」

第三帖

加爾默羅會的聖衣

加爾默羅會俗稱「聖衣會」。

聖母所賜的聖衣，是加爾默羅會會衣最重要的部分。棕色小聖衣，是加爾默羅會大聖衣的袖珍版，由細索串連二小方布塊，分別繡著耶穌、瑪利亞，佩帶於胸前、背後。

凡穿著大、小聖衣的會士和信友，都是全屬於聖母的人，以一種特殊的方式屬於基督。聖衣是聖母恆常護祐的標誌，也是奉獻給瑪利亞的記號。

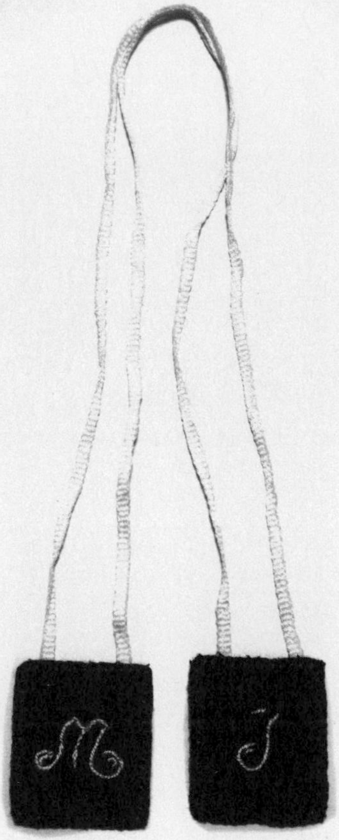

隱修女行到清水湧流處，深深探入叢林。

第四帖

隱修院修女的畫

原本以為隱修是苦行，可是深坑、芎林兩座隱修院修女的畫，充滿天真的喜悅，讓人放下塵世的煩惱。

讓我們一起在此欣賞隱修女的畫，也來了解隱修院生活的面貌跟角落。

卷二

它是曠野，又是花園

十尺高牆、三吋厚鐵門，不是監獄；古老神祕，又樸素清新；犧牲忘我，卻心懷喜樂。

這是加爾默羅會隱修院，它是曠野，又是花園。

位於城市，卻與世隔絕。

在世界中，離開世界，特別關心世界，卻又什麼也不掛念。

隱修女們「用祈禱，支起整個世界」。

不出門，卻消息靈通。許多人用信件、傳真請求修女們為他們的意向代為祈禱。隱修院轉箱旁放著小紙片、筆，探訪隱院的人，寫下國家、社會和個人各方面的需要和痛苦。

「寧用祈禱，勝於書信」，但隱修女的信有種力量，穿越時空。

平日靜默的隱修女，會客散心時，說起笑話，功力一流。「散心時，如果有隱修女能讓團體愉快地笑，我從天堂上降福她。」聖女大德蘭說。

經堂傳來晚禱聲，純淨如天籟。

加爾默羅會隱修女用默默無聞的隱修生活、環境和氣氛，引領人找到天主無限慈愛的臨在。
天主是永遠的，隱修女不看時間，只看愛情。

第一章 加爾默羅

加爾默羅是個曠野。不是因為遠離世界，而是因為天主居住其內。

加爾默羅隱修會是非常古老的修會。遠從厄里亞先知開始，他退隱到加爾默羅山，因此在那裡常有隱修士。一二一四年耶路撒冷的宗主教雅爾伯，撰寫會規，成立了正式的修會。之後，修會精神漸漸鬆懈，直到聖女大德蘭於一五六二年重整革新加爾默羅會，創立了赤足加爾默羅隱修會。

加爾默羅隱修會的精神是以不斷的祈禱和死於自我的克己補贖，進入默觀，與主度密切結合的生活。這種與主結合，愛祂在萬有之上，日夜事奉祂的生活，不是為自我的滿足和享受，而是完全奉獻為教會，特別是為神職人員、為宣講福音的人、為傳教士，也為普世人靈的得救。

「耶穌的朋友不多，所以我們要成為耶穌特別的密友。」會母大德蘭教給隱修女們她創會時的目的。能奉獻給祂「另一個人性，好讓祂在活出祂的奧蹟，」真福聖三麗沙說：「加爾默羅會士只有一件事情要做：祈禱和愛。」

加爾默羅會內只有一個喜樂，那就是與天主合一，為聖教會擁有天主無限的富裕。

加爾默羅會內也只有一個悲劇，那是沒有找到天主，只找到自己，竟致被關閉在人性的侷限內，失去自由。

一 聖衣

聖衣是聖母賜給加爾默羅會的特恩。即是聖母的許諾，凡熱愛聖母，穿上聖母所賜的聖衣者，不會看見地獄的火，死後第一個瞻禮七，聖母帶他進入天國。

聖母所賜的聖衣，是加爾默羅會會衣最重要的部分，代表加爾默羅會隱修女「全屬於聖母」。不只停留在孝愛聖母，而是加爾默羅會的靈修，特別是默觀、祈禱，效法聖母的謙虛、隱沒，與耶穌密切的結合。

聖母最認識耶穌，最愛祂，最了解耶穌的心意。聖母最能教導我們如何分享降生成人的耶穌的天主性，好使我們進入三位一體的天主的結合與天主聖三救贖人類的奧祕。

聖母是天主聖三的被愛者，她以整個生命回應了聖三無限的大愛。聖母唯一的心願是親手帶領我們到耶穌面前，把我們交託給她的聖子耶穌。看見聖母就是看見耶穌，跟隨聖母的腳步，就是跟隨耶穌走人生的路。

二 斗室

斗室是修女最常在的地方，因為是她獨自與天主和耶穌生活的地方，是專屬於她個人的至聖所。「一張床、一把椅子、一個木板書桌，這是斗室內所有的家具，」聖三麗沙說：「然而斗室充滿了天主。」

沒有任何人能進入她的斗室（只有院長在必要時可以）。在這裡修女可與耶穌隱藏在天主內，完全自在的與主相遇、交談、祈禱。敞開內心與主進行神聖最可貴的共融。

斗室一無所有，內心不一定就很單純，最重要的是內心的環境。每位加爾默羅會士的斗室，持續歸向天主的故事。「這是如此的神祕和靜默，」聖三麗沙說：「小小的斗室內，白色的粉牆上，黑色的十字架，十字架上沒有耶穌的苦像。這是我的十字架，我應該在這上面祭獻自己。」

「我深信居住在斗室內，可以說是已經在天堂，惟獨和祂相處。」這非常親密的神性結合正是加爾默羅會生活的本質。「心愛的加爾默羅會獨居，似乎特別屬於我的，」聖三麗沙說：「其實是天主要賜給每個受過洗的靈魂。」

三　花園

禁地生活需要較大的空間，除斗室以外，可獨自與天主相處的地方。花園便是最理想之處。「在遠處的花園裡，我有如隱士般隱藏著，在那裡度過非常美好的時光，」聖三麗沙描寫：「大自然彷彿充滿天主：風兒吹拂著林梢，鳥兒在歌唱，它們都對我訴說天主。」

欣賞大自然，非常幫助祈禱、默觀，使心靈接觸天主的無限和永恆，自然遠離人間的複雜和不完美。主日、節日是修女們最喜歡去花園放鬆心神與主神遊的日子。呼吸最新鮮的空氣，即純淨、清新，接近天主，令人煥然一新的空氣。

其實整個加爾默羅就是花園。聖女大德蘭以四種灌溉花園的方式，描述祈禱的不同階段。在聖十字若望的《靈歌》中，天主與靈魂的神婚在一座花園裡完成。聖女小德蘭自認是天主花園中的一朵小花。聖三麗沙「她已經獻給耶穌內心的獨居花園，作為祂的居所。」

「花朵在靜默中開放，在靜默中，散發芬芳讚美它的造物主，」法國耶穌．瑪利愛梅修女寫道：「內修的靈魂應該如同花朵般的行動。」

四 轉箱、格窗

禁地生活等於在曠野裡生活，所以盡可能不與世俗接觸交往。但實際上隱修院建立在城市裡，必須要與外界交接。隱修院與外界交接的方式就是用轉箱，用轉箱可與外界的人交談、辦事、接收東西，但看不見也不被看見。被指定負責轉箱的修女，可幫助院內的團體平安度禁地生活。

格窗和禁地的門及圍牆是建立宗座禁地隱修院的重要條件。透過格窗，禁地內的修女們參與禮儀，特別是彌撒，以及與家人相聚，必須時接待朋友和客人。格窗和禁地的門使內界——即修女生活的地區——與外界——即教會人士及訪客可進入的地區——分隔。宗座禁地的法令禁止修女們去外界，也禁止外界人士進入禁地。

聖三麗沙入院發願後的工作就是做轉箱修女的助手，她充滿愛的心逐漸擴大。「自從這顆心被關閉於鐵格窗之後，不斷地親近祂，祂就是聖史若望所說的『愛』，」聖三麗沙說：「在加爾默羅會內，一切都充滿喜悅，洗衣服時，我們可以找到天主，如同祈禱時那樣豐富。」

五 聖堂

聖堂是隱修院最重要、最神聖的地方。「早晨的神聖彌撒中，讓我們和耶穌犧牲的精神共融。」聖三麗沙寫道。

修女們不可進入聖堂，因為屬於外界。只有更衣所的修女可進入。修女們在屬於內界的彌撒經堂參與彌撒。彌撒經堂透過格窗和聖堂接連，所以修女們可看見祭台，但教友們看不見修女，因為聖堂和經堂的位置是L形。

教會是欽崇、朝拜、讚頌、謝恩、求恩的團體。教會最寶貴的就是感恩聖祭（彌撒），藉感恩聖祭教會與基督結合，獻給天主聖三所恩賜的一切美好、美善，其中也包括痛苦、貧窮、哀慟、饑渴、迫害。為這些我們感謝天主。

「成為祂的另一個人性，」聖三麗沙說：「這樣祂可以在我內繼續補贖、祭獻、讚頌和欽崇的生命。」

耶穌用我們參與彌撒告訴我們，祂和我們天天在一起。耶穌以感恩祭，祂的臨在，留在我們人間，陪伴每個人走自己人生的道路，活出奉獻、犧牲和共融的精神，以及對天主和近人的愛。

第二章 禁地生活

加爾默羅會的特色是禁地生活，是進入曠野。

曠野的空虛和孤寂，不會使尋找天主的人怕懼。對他們而言，這是純淨，能淨化、能安撫心靈。

曠野揭示神性的超越。而正是這超越的存在掌握著、吸引著、包圍著、充滿著、神化著靈魂。凡尋找天主，深感在天主之外，心靈無法尋獲安息的人，將會被吸引，進入加爾默羅的曠野。

曠野的寧靜充滿著天主。

「加爾默羅多麼相似天堂的小角落！在靜默獨居中，惟獨與天主獨處，」聖三麗沙寫道：「在這裡，一切都在述說祂，使人體驗到祂處處臨在，祂處處生活著。」

加爾默羅猶如天堂的前奏。

曠野

曠野是隱修院生活最基本的精神和生活方式的榜樣。

曠野遠離世俗，走出人群，在貧窮、孤獨和靜默中尋求與天主居住的地方。這是初期教會留下的最原始的修道方式，即進入曠野以嚴厲的生活，日夜獨自與天主相處。

在加爾默羅的曠野中，什麼都沒有，什麼都失去又開放一切，富有天主。相似死亡，是聖十字若望「黑夜的旅程」，小德蘭的「小道」，聖女大德蘭的「藏在繭中的蠶」，聖三麗沙「在那無底之底的深淵裡和祂生活共融」。

加爾默羅是個曠野，是家庭般的曠野，教會的曠野，也是神性的曠野。在信德之光中和天主親密地相遇，使嚴厲的曠野化為甜蜜。這是加爾默羅會生活的祕密，「加爾默羅會士的生活，就是朝朝暮暮、暮暮朝朝和天主共融的生活，」聖三麗沙說：「如果天主不充滿我們的斗室、我們的會院，這會是多麼的空虛。」

「靈魂渴望躲開人群，她極度羨慕居住且生活在曠野中的人，」聖女大德蘭寫道：「另一方面，她又希望進入世界當中，看看是否能夠幫上忙，促使一個靈魂更加讚美天主。」

二　作息

隱修院的一個基本紀律是作息的時間表，這時間表以不變動，維持日常生活平安靜默。

隱修生活需要保持身體和精神的平衡，修女用體力的操作，如種菜、栽培果樹、花草，與大自然接觸，在修院內做家事、打掃、煮飯、洗衣服、縫紉等等，鍛鍊健康。同時，用祈禱、禮儀平靜自己的內心。以平穩的身心，生活在天主的臨在中。這是禁地隱修生活。

五：三〇　晨禱和午前經五：三〇
六：三〇　默禱
七：〇〇　彌撒　彌撒後早餐
一〇：〇〇　午時經
一一：一〇　午餐　午餐後散心
一二：五〇　午睡
二：一〇　午後經，後看聖書
四：三〇　晚禱
五：〇〇　默禱
六：〇〇　晚餐　晚餐後散心

八：三〇　夜禱和頌讀，後看聖書在加爾默羅會，「祈禱如同呼吸」。

「今天我費了大半天時間，在廚房的火爐旁邊。當我的手拿著炒菜鍋時，並沒有像會母聖女大德蘭那樣地神魂超拔，」聖三麗沙寫道：「但是我很確信，在老師神性的臨在中，祂就在我們中間。我從靈魂的深處朝拜祂。」

「上主不是那麼看工作的偉大，祂看的是工作時懷有的愛，及我們盡所能地去做。」聖女大德蘭說。

三　靜默

曠野是靜默的，所以隱修院裡最明顯的氣氛就是靜默。外在的靜默愈明顯，愈會引人進入內心的靜默。即離開感官、物質界，和被許多慾望的騷擾。內心的靜默若持久會帶領人進入天主臨在的經驗。這經驗是體會無論做什麼，都在天主的臨在中。這就是曠野即禁地生活的目的。

「靜默是愛的言語。」聖十字若望寫道。

「你看，加爾默羅會隱修女的生活是靜默，」聖三麗沙說：「在諸事中，她最愛的是靜默。」在隱院深濃的靜默，籠罩著隱修女們的生活。「頌揚主榮者的靈魂是靜默的靈魂。她安息有如豎琴，天主聖神神祕地撫動琴弦，奏出神聖和諧的音樂。」

「永恆的聖父只說過一句話：聖言，」耶穌・瑪利愛梅說：「同樣，我們該渴望所說的每句話都直接或間接地顯示耶穌。」

聖母「把一切事默存心中」，那是聖母接納聖言時的靜默。

加爾默羅會規上說：「我們的力量在於寧靜。」

我想……
他啊……

四 默觀

默觀是天主用祂自己選擇的管道灌輸給靈魂的超然光照，即不是靠人的能力可得的光照。這光照很多時候是天主或耶穌的奧祕，或對真理、聖人、聖事、信仰等特殊超然的認識。「默觀中，天主安靜而祕密地教導靈魂。」聖十字若望說。

靠自己無法達到默觀，默觀是天主賜與的特殊恩寵，天主願意給誰就給誰。會母大德蘭說加爾默羅隱修會修女常蒙受此恩寵。「我們身穿加爾默羅會神聖會衣的每一位，全都蒙召投身於祈禱和默觀，」聖女大德蘭說：「因為這是我們的根源，我們是加爾默羅山聖父們的後代。」

無論天主帶領我們走哪條默觀的道路，或默觀大自然的美妙，或是發現在內心朝拜祂的神聖宮殿，或是安居在祂靜默富裕的臨在中。默觀所結出的果實常是：走進真實的自我，看到自己的虛無、謙卑、有限、軟弱，而充滿信心和喜悅，進入天主無限的境界。黑暗、無路可走，堅忍、等待，無限渴望、驚嘆，直到變成感恩和讚頌。

默觀必在靈魂中留下天主願賜下的恩寵。往往在那恩寵的時刻，靈魂會燃燒起來。之後，留下的屬神知識和愛火，不易消失。

五 謙虛

謙虛就是認識自我。「謙虛即是在真理中行走。」聖女大德蘭說。她主張，對自己瞬間謙虛的洞見，比許多小時的祈禱更有價值。因為，我們如果不認識自己是誰，便無法以真正的自我和天主建立關係。

「如果我們不力求認識天主，就無法完全認識自我，」聖女大德蘭說：「注視著祂的崇偉，我們會覺察自己的卑微；看著祂的純潔，我們會見到自己的汙穢；深思祂的謙虛，我們會看見自己離謙虛有多遠。」

「如果沒有謙虛，一切都會失去，」聖女大德蘭說：「我們的眼睛要專注於基督，及祂的諸聖身上。在此，我們會學到真謙虛。」

謙虛是愛德的度量，是容忍的力量。「謙虛是塗抹我們創傷的油膏；如果我們真有謙虛，即使拖延時間，外科醫師，也就是天主，會來醫治我們，」聖女大德蘭說：「謙虛！謙虛！經由謙虛，在任何我們渴望祂的事上，祂讓自己被征服。」

謙虛就是「讓祂在我們身上成就祂所願意的，帶領我們到祂願意的地方」。

zzzZ

第三章 祈禱

與主密談就是祈禱。

愛上天主，自然會跟天主講話，就會祈禱。「祈禱是單獨地與深知那愛我們的天主親密談心。」聖女大德蘭說。

祈禱是與耶穌相遇的祕訣；天主聖言是與耶穌建立友誼的入門。祈禱是與耶穌不斷發生關係；祈禱是不斷接觸永恆的境界。祈禱是我的虛無和天主的一切相遇、碰觸、結合。

人出自天主聖三、出自愛。天主造化人時，已放在人性中與祂不可分離的關係，所以人在世上無論在哪種處境中，在內心深處，必尋求、渴望只有出自天主的滿足、平靜、安息、幸福、安全。這已經是祈禱，已是與主相遇。

默觀耶穌與祂阿爸父的關係，無始無終的奧祕。之後，如聖母，把這一切默存心中，反覆思索。我們祈求耶穌，按照祂的旨意與計劃，讓祂在福音中的教導、榜樣和奧蹟，彰顯在我們的生命中。耶穌教導我們的祈禱，必使我們領受聖神，好使我們能與耶穌結合為一，相似耶穌的心思與心懷。藉著祂、偕同祂、在祂內、如同祂。

祈禱使人單純透明，在一切事上尋求、活出天主的旨意。

默禱

默禱是祈禱的一種方法，非常重要。因藉默禱，我們開始研讀聖經、聖書，為更深入自己的信仰。

默禱的對象是耶穌和祂的奧蹟。進入默禱之前，要先清靜自己的內心和思想，準備在靜默與收心中與主相遇。

關於默禱，聖女大德蘭有建議。她的經驗教導她：默禱靠思考，即知識、理解，但同時也必須有克己修德一起成長進步。「你們必不可只以祈禱和默觀奠基，」聖女大德蘭對她的「女兒們」說：「因為，如果你們不力求並修練德行，你們永遠是侏儒。」

所以大德蘭勸告：「默禱不是想得多，而是愛得多。」不只是努力增加學問知識，而可能更需要努力謙下悔改修德。「成全不在於享受神味，而在於愛得更多。」以正義與真理，做更好的事奉。

在《全德之路》中，大德蘭推薦以「天主經」作為默禱的前奏，「上主有可能在你們誦唸天主經或其他禱文時，帶領你們進入全然默觀之境。」聖女大德蘭的另一勸告：「默禱必遇分心，那時不要努力用思考終止分心，而是用注視耶穌離開分心。」

注視耶穌較快達到默禱的目的，即效法耶穌，相似耶穌，跟隨祂。

二 代禱

代禱是加爾默羅會隱修女在教會中一個最重要的責任和服務。首先是為神職人員代禱，他們的聖召，他們的淨化和聖化。為普世教會，為本地的教會祈禱。為人靈的得救，為所有人的各種需要，特別為在受苦中的人代禱。

重要的是加爾默羅隱修女要以完全奉獻、捨棄自己為代價，換取為別人代禱的能力和熱火。

理論簡單：每個人都有義務向天主祈禱，但加爾默羅會隱修女是專務祈禱的人，修女們的整個生活和生命在教會中，只有一個需要，就是祈禱。所以在耶穌的奧體中就有了代禱的責任。即是修女們的祈禱不是為她們個人，而是為給與別人，給與世上所有需要的人。

耶穌的苦難加在加爾默羅隱修女身上，如她們在受贖罪的苦難。以同樣的真理，修女們的祈禱，加在近人身上，如近人在獻給天主感恩、讚頌、欽崇、悔罪、求恩的祈禱。

「祂的祈禱就是我們的祈禱，我希望常常和祂的祈禱結合，」聖三麗沙寫道：「就像靠近生命泉源的小器皿，使這無限愛德的波浪可以從我而湧流出來。」

在加爾默羅，祈禱貫穿了事事物物。

三　分辨

為在禁地生活的人最重要的分辨是，在日常生活中的大大小小事上，認出天主的旨意。

天主的旨意不像是二加二等於四的事實，而是在我們的日常生活，不斷變遷的處境、經驗、痛苦的考驗，以天主的聖言，以真理的神，陪伴著我們的成長。

天主無論給我們什麼，為我們全是最好的。

如果我們的信仰，在我們內深深扎根，在我們的日常生活，天主是活生生的，這樣，無論我們遇到什麼事，是痛苦或是喜樂，我們都能看到全能、全知、全愛的天主的旨意，而願意承行這旨意。全心、全意、全力愛慕祂。

真正的自由來自長期與主交往，和祂合作，使人習慣在一切事上尋求天主的旨意。我們在日常生活中聆聽天主的話，在天主的話中分辨天主對我們的旨意。

天主的旨意在我們內漸漸形成，相似耶穌的心思和心懷。這時我們便會直覺地去選擇，「什麼是悅樂天主的事，什麼是成全的事。」

「一整天完全屬於愛，亦即承行天主的旨意。」聖三麗沙寫道。

第四章 奉獻與愛

聖人們的愛與祈禱是與十字架上耶穌的愛與祈禱，耶穌的全燔祭、犧牲結合的。耶穌的「我渴」一直在他們心中呼喚著。耶穌在十字架上的愛，催迫著他們。

人間最真實的愛是相似耶穌的愛。「我從未後悔把自己奉獻給天主慈悲的愛，作為祂的犧牲。」在生命末刻，聖女小德蘭說。

天主是愛，耶穌是天主亦是人，所以耶穌的愛是天主的愛；耶穌是人，祂把天主的愛帶到人間，讓人能看見、能體驗到天主的愛。為基督徒而言，愛建立在真理上，愛也是建立在信德上。有真理、有誠實並有信德、有耶穌的人，會效法耶穌交付出自己，奉獻為犧牲。

要讓自己成為被愛的人，即是信任天主，讓自己接受這真理：天主比我清楚，如何愛我，為我最好。讓天主自由在我們身上完成祂無限全能的大愛，當我們切身體驗到天主對我們百般的愛護，對別人也會開始懷有相似天主的愛心和憐憫。

愛之深

對天主說純真誠實的「是」，必須包括「放棄」，放棄相反天主的一切，也包括自我，以自我為中心。耶穌要求跟隨祂的人天天背起自己的十字架，棄絕自己。

犧牲自己、忘記自己，才能真實地愛人。如此愛人，才能幫助人，使眾人合而為一。

一 喜樂

隱修生活最大最明顯的喜樂來自內心，誰也奪不走的平安。

這平安帶來的是無論我在哪裡，在做什麼，天主與我同在的親近感。一種確信又能體會祂的臨在。「在靈魂的極深處，這麼多的內在喜樂，這麼多的平安，」聖女大德蘭說：「她的全部滿足在於促使人讚美天主。」

禁地生活本身因隔離世俗，已很單純，同時又很有規律，一切生活細節的安排，目的在幫助修女容易收心、祈禱與生活，所以隱院內的生活盡可能少有變化，至少這可減低憂慮、煩惱、壓力等，培養與天主同在，並常信賴天主的習慣。以輕鬆自由的內心，懷有感恩與主交往，常奉獻喜樂讚頌之祭，這是禁地生活的喜樂。

聖三麗沙「和耶穌一起做事，無論行到何處，常有神樂；無論打掃、工作或祈禱。」「我覺得一切都是那麼的美好和喜悅，」她說：「因為我時時處處看見老師。」

最能使人喜樂，最能滿足人心的事，莫過於認識耶穌，日日與祂密切交往，直到使祂成為自己最能信賴、最知心的密友。學會祂的喜樂，分享祂的喜樂，因祂的喜樂而喜樂。

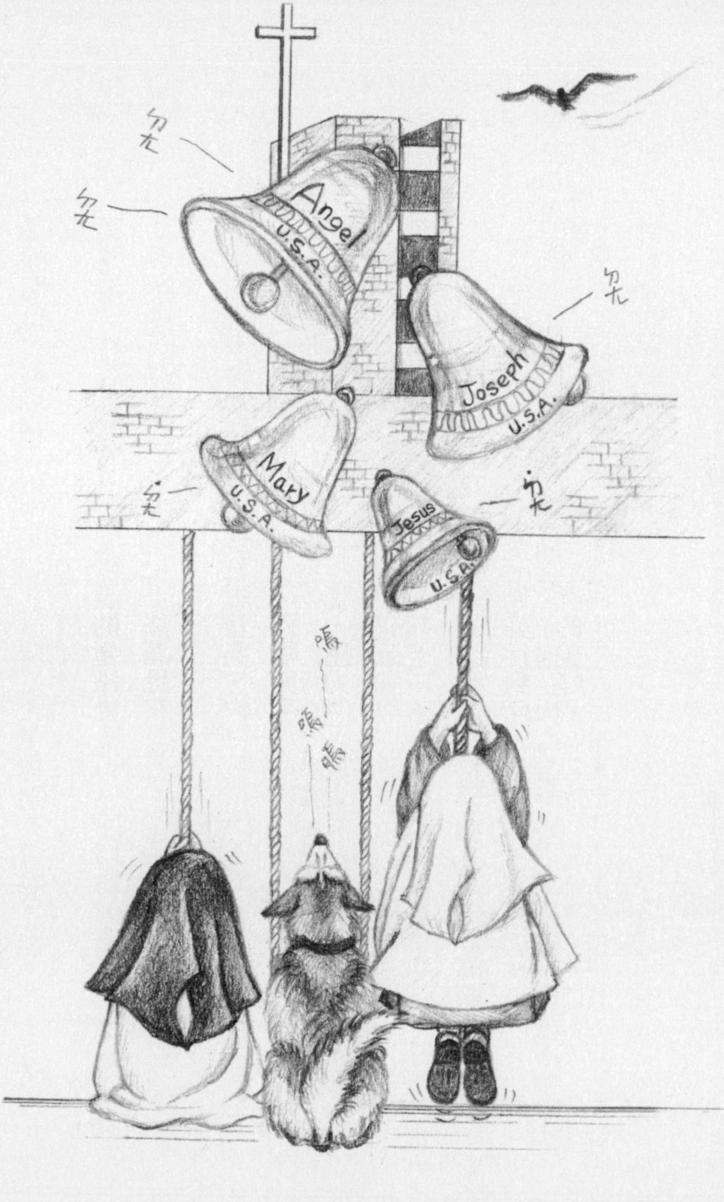
ㄉㄤ
ㄉㄤ
Angel
U.S.A.
ㄉㄤ
Joseph
U.S.A.
Mary
U.S.A.
ㄉㄤ
Jesus
ㄉㄤ

二　痛苦

隱修生活的最大痛苦來自天主隱藏了自己，而人盲目的在尋找理由，且相信是因為自己的過錯、不好、罪惡，所以天主拋棄、遠離、隱藏。其實天主是為了祂的大愛，特別喜愛揀選這人，所以為他隱藏了自己。這是必須淨化的過程。

隱修生活中極大的痛苦來自為認識真實的自我，所必經歷的各種淨化。很多這種淨化，發生在團體生活中的磨擦，如每人個性不同發生的衝突，背景、教育或本性的軟弱，都可成為憤怒、不平、委屈、掙扎、受傷的理由，考驗和淨化修女。淨化的生活是藉著祈禱、默想，沉潛在聖事中、深深扎根在主內，結出平安、喜樂、愛人的果實。這是禁地日常生活的痛苦和奉獻。

「在世上真正的寶其實是痛苦，」保拉姆姆說：「人的幸福平安總不會離開十字架。」她解釋：「如果把痛苦看成恩賜，是使我生命有意義的東西，就會看見痛苦是什麼。」

「你們的雙眼要專注於被釘的基督，所有的一切，對你們來說，就會微不足道。」聖女大德蘭對她的修女們說。「加爾默羅會士就是一個不斷仰視被釘奧蹟的靈魂，」聖三麗沙寫道：「默觀基督為人靈自作犧牲獻於天父。」

加爾默羅會隱修女是被奉獻的靈魂！

三　忘我

忘我是天主帶領靈魂進入的境界。

當天主引領修女走在愛天主在萬有之上，愛人如耶穌愛我們這條路上，且召叫修女進入曠野遠離世俗，以不斷的祈禱向耶穌學習相似祂，甚至於與祂結合，天主的旨意便是要我們在實際的生活學習、活出耶穌空虛自己，謙卑的成為奴僕服務他人。

在忘我的道路上，天主會給我們各種機會犧牲自我、放棄自我，甚至於要求死於自我。

只有經歷這些磨練的機會，天主在靈魂內才能佔有首位、為主，自由的使靈魂完全順從祂的意願。天主帶領靈魂進入忘我的境界之前，必操練他，使他完全超脫慾望，讓靈魂無私柔軟，但最重要的是謙虛。

會母大德蘭描述這謙虛為「成為天主的奴僕，因為他們已把自己的自由給了祂，天主便能把他們當作所有人的奴僕賣掉，如耶穌被賣掉一樣。」

耶穌「空虛自己，取了奴僕的形象，降生成人」。默觀被釘在十字架上的耶穌，祂「貶抑自己，聽命至死，且死在十字架上」。默想福音，學習耶穌的良善心謙，在心中燃起愛火，催迫我們捨棄自我，和耶穌一起進入祂的空虛，跟隨祂走上成聖之路。

當天主賜給人忘我的恩寵時，無比的喜樂佔有他的心。
因為忘我這恩寵使天主完全佔有他的心，
當愛為王時，所有的恐懼就消失。

四　全德的愛

全德的愛是加爾默羅會隱修女的聖召。

「真正的成全在於愛天主和近人，愈遵守這兩條誡命，也會愈成全，」會母聖女大德蘭要她的女兒們明白，如果愛不是來自天主的愛，以之為根基，我們無法達到成全地愛近人：「我們的全部《會規》和《會憲》，無非是幫助我們更成全地遵守這誡命。」

天主是愛，為隱修女們並不只是要理解這無限的奧祕（其實奧祕是超越理解的），也不只是學習像天主那樣去愛。而是謙下自己，承認自己的虛無，祈求天主無限的憐憫，淨化一切的罪污。

若天主願意慈悲為懷，隱修女渴望不顧付出任何代價，祈求天主賜她轉變成為愛。天主是愛。祂願意把自己給我們，如耶穌把自己給了我們。隱修女的唯一心願是被天主塑造到能完全與祂合而為一，分享祂的天主性，也就是愛。

只有如此，隱修女才能滿全天主的心願，召叫隱修女度禁地生活，活出祂愛的奧祕！使凡接觸隱修院的人都能得到由天主是愛而來的恩寵。這使隱修女們彰顯天主的光榮。

獻

如此的神秘和靜默，每位加爾默羅會士的斗室，持續歸向天主的故事。

卷二

這個家是我的納匝肋

曾經到過隱修院的朋友，常會不由自主地說：在這裡真好！

《在這裡真好！》是加爾默羅會隱修院在台灣五十年的建院故事。十年後的今天，選取精華、保留隱院修女自述的原貌呈現。

這十年，隱修女們感恩的心比以前更深切。

十年後的今天，隱修院成了更可親、可愛、可貴的眾人中心。它奇妙地吸引人們歸向它，愈來愈多人尋求它的意義、認識它的價值。這十年，耶穌在隱院修女中間更顯示了祂自己，祂使隱修女們更團結相愛，也給了團體和個人更多、更難、更辛苦的挑戰。

加爾默羅會是以純愛為目標在教會裡生存的修會家庭，所以必須有十字架出現、伴隨，因為只有十字架能考驗愛的慷慨和真誠。十字架才能使人真實地效法、跟隨耶穌，在教會中成長。

此時，隱修女們有個心願，或許是唯一的心願。那就是她們渴望住在她們中間的耶穌對她們說：「在這裡真好！」

隱修女們請求聖母——加爾默羅母后，去坐在她愛子的身旁告訴祂：「兒子，這個家是我的納匝肋。」

CARMELITE MONASTERY

有一天，耶穌帶著伯多祿、若望和雅格上山祈禱。正當祂祈禱時，祂的面容改變，衣服潔白發光。忽然有兩個人，即梅瑟和厄里亞同祂談話，談論耶穌的去世，即祂在耶路撒冷必要完成的事。伯多祿對耶穌說：「老師，我們在這裡真好！讓我們搭三個帳棚，一個為我，一個為梅瑟，一個為厄里亞。」

在這裡真好！伯多祿說得多麼率直真誠，道出他的驚訝、讚嘆，也流露出他對主耶穌的欽崇、愛慕和永不分離的渴望。

事實上，隱修院臨在於塵世，宛如主耶穌在山上榮顯聖容的光輝，預示祂的苦難和復活。

Carmel of Yangchow
(the 20' wall!)
Father George Wong, S. J.

建造中的揚州隱修院。

來台建院

一九五四年，美籍的德蘭姆姆率領七位修女，從美國加州橫渡太平洋，來到戰後貧窮落後的台灣島，在新竹建立有史以來第一座天主教的隱修院。德蘭姆姆是個道地的中國迷，這份愛成了隱院的種子。

一九二六年，教宗比約十一世頒佈「夫至大」通諭，號召隱修會士到偏遠傳教區建立隱院。二十七歲的德蘭修女深受感召，強烈地意識到天主召叫她獻身中國。她日以繼夜地在期盼中禱告，為中國奉獻犧牲，有如一位心靈的中國傳教士。

轉眼二十年過去，聖克拉拉母院已在加州另建了二座分院。中國揚州的美籍耶穌會士殷保祿神父捎來一封邀請函。院長雅妮姆姆深明德蘭修女的宿願，立即應允，且有五位修女自願加入此一行列。某日，院長故意對德蘭修女說：「前往中國的小團體中，某某修女是院長，你並不是院長，這樣你是否還願意去呢？」「願意，願意，只要能去到中國，做什麼都很好！」她滿臉欣喜地回答院長。然而，這是雅妮姆姆給她的一個試探，事實上，她是這個小團體的法定院長。

經過二年積極的準備和等待，由於大陸淪陷，頃刻間，一切化為泡影。一九五二年，德蘭姆姆當選為母院的院長，次年十一月，原揚州監牧費濟時主教由台返美，走訪聖克拉拉隱院的前一天，雅妮姆姆前來德蘭姆姆的斗室說：「院長姆姆，明天費主教要來看我們，您何不向他提議原先去揚州不成，現在可否轉到台灣去呢？」德蘭姆姆低頭沉思良久，未發一語，等她慢慢抬起頭來的時候，她寧靜地說：「雅妮姆姆，您一向知道我的心願，我怎能信任自己的心呢？明天費主教來時，請您去向主教提議，我在此等候您轉達給我天主的旨意，我才能放心承行。」

經過近三十年的等待，此時此刻，她竟能寧靜地說出這些話，充分地流露出德蘭姆姆的超然心境，及對天主旨意的忠誠。她的信德精神為台灣隱院打下了不可動搖的基礎。

一九四六年預備到大陸揚州的前夕。左上是德蘭姆姆，抱著「小揚州」的是雅妮院長姆姆。

二 離開母院

一九五四年，東方的情勢相當緊張，德蘭姆姆率領修女橫渡太平洋途中，北越淪陷。打從美國出發前，早有無數親友勸她放棄來台的計劃，告訴她，不久台灣也會赤化……。途經菲律賓和香港，紛紛有人提出相同的勸阻，要她趁早回頭是岸。德蘭姆姆則毫不動容，只答以「這是天主要的」。

五月一日星期六下午一點，我們齊聚經堂裡，參加離開母院前的最後一次聖體降福。隨後七位修女（瑪加利大瑪利修女在柏克萊隱院等我們），擁抱辭別了院中每一位修女。踏出禁地門時，雅妮姆姆交給德蘭姆姆一尊小耶穌態像，表示「母院的愛和祈禱與小耶穌一起常陪伴著你們，願君王小耶穌時時刻刻引領照顧你們」。六十年來，小耶穌確實引領、陪伴、照顧了隱院，這尊小小的態像成了隱院的「傳家之寶」。

踏出禁地門，先到外界美麗的聖堂朝拜聖體，待跨出聖堂大門時，院內的修女們正詠唱晚禱的謝主曲，這是永難忘懷的一刻。舊金山的墨西哥加爾默羅隱院是我們的第一個目的地。當夜落足於柏克萊隱院，會合同來台灣的瑪加利大瑪利修女。這座隱院是聖克拉拉母院的分院，約在四年前建立。禁地的門一打開，互相的擁抱特別熱情，做了最真摯的友愛分享。

次晨善牧主日彌撒後隨即上路，直奔舊金山碼頭。晚間十點全體修女集合在甲板上，向心愛的美國作最後的道別。十點半整，腳下感到輕輕的滑動，舊金山輝煌燦爛的海岸線開始移動，我們出發了。燈火明滅，漸行漸遠，駛過雄偉的金門大橋，眼前展現漆黑一片的太平洋，彷彿象徵未來的使命。我們將離開溫馨的基督徒世界，奔向無垠黑暗的遠方傳教區。支持我們的惟有心中的天主。

一九五四年五月二日從舊金山碼頭搭乘貨船來台。

聖克拉拉母院的聖堂。

八位來台修女剛上船時的合照。

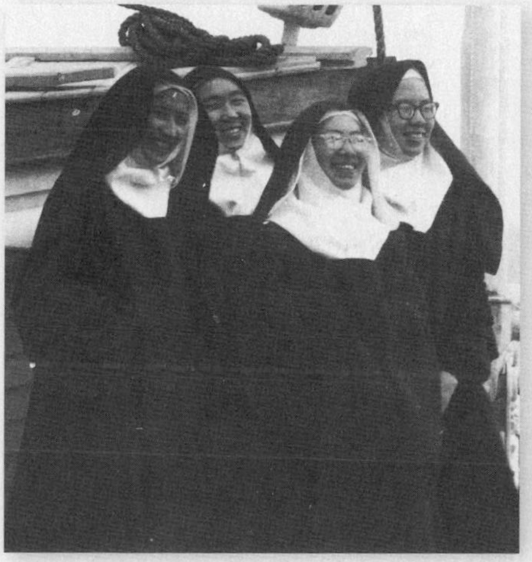

六十年前四位國籍修女合影於赴台建院船上，五十年後四位國籍修女合影於苓林隱修院。如今苓林隱院有二十五位修女，深坑分院十六位。

三　橫渡太平洋

整整二十晝夜生活在船上，海洋上的日子非常愜意，充滿了美麗的回憶。我們依然度著熟悉的加爾默羅會隱修生活。每天清晨隨船司鐸舉行彌撒聖祭，接著默禱，詠唱日課。在甲板上迎著寧靜、無際的海洋，心曠神怡，全然沉浸在默觀的氣氛中。之後手工操作，有的修女做針線，有的畫畫，有的寫信、打字等等。黃昏時我們到船頭，在那裡舉行五月的聖母敬禮，詠唱聖母德敘禱文和聖歌。這可說是我們飄洋的日子裡，最美的時刻。

五月二十一日清晨，輪船停泊菲律賓馬尼拉港口，我們從甲板上俯視碼頭上熙熙攘攘的人群，有位紳士用手微遮眼睛以防陽光，凝視著我們。保守生陳瑪加利大突然驚叫起來：「是我的爸爸！」陳爸爸的後面，有二位身著白袍的神父大步走過來，其中一位是殷保祿神父，曾於一九四六年邀請修女們去大陸揚州建院；另一位是他的同伴好友德為謙神父。這次的東南亞航程，正是殷神父的苦心安排，讓隱修女們未抵台灣之前，沿路儘可能訪問各地的加爾默羅會隱院，熟識東方隱院的生活習俗，瞭解如何適應熱帶地區的生活，實地見習在傳教區如何調整生活方式。

在訪問的三座隱院裡，修女們以難忘的熱情歡迎。有音樂，有歌唱，全是愛心的計劃，充滿著歡樂和愉快，不只是全心款待，還彼此爭相教我們如何在

香港碼頭。右五是殷保祿神父。

這炎熱、颱風、潮溼和地震的地區上生活。

離開宿霧航海至香港。香港隱院以讚主詩來歡迎接待，使我們既感動又失措，因為從未想到竟然成了如此感恩的對象。首先看到我們仍穿著毛料會衣和襯裙，大表驚奇，立刻拿出七套最好的主日會衣給我們換上，一邊說著，如果學不會按照氣候穿著，就絕對無法在傳教區生存。離開時，堅持要我們收下各種禮物，包括不少罕有的花草，要我們一旦住進自己的隱院時種在庭園裡。

五月三十一日殷神父帶領我們到澳門的隱修院。可敬的建院者德蘭姆姆歡迎修女們進入禁地，姆姆來自比利時的一座出名的加爾默羅會隱院。姆姆帶我們參觀整座修院、經堂、走廊、每部門的工作室、斗室等等，並解釋每一細節和如此計劃的理由。日後當我們修建自己的隱院時，德蘭姆姆的善意細心成了極大的幫助。

六月二日下午，隱修女們從香港乘永生號向台灣航行。

四　美麗的台灣

清晨醒來，透過艙房的窗子，一眼瞧見美麗的台灣島。我們都興奮地衝到甲板上，心靈中洋溢著欣喜與感恩的詩歌。分不清是台灣先以她的美擁抱了我們，或是我們先在內心以愛深藏了她。六月四日，終於踏上了美麗的台灣島。

德蘭姆姆的靈魂彷彿是為中國而造生的，一上了岸，立刻愛上了這裡的一切，貧窮髒亂的馬路，她毫不介意，在她看來都是很美好的。台灣是她心靈中的家，在貧乏的窮鄉僻野，她的靈魂體驗到深奧的富足，她和貧窮隱沒的耶穌緊密地結合在一起。

耶穌會的牧育才神父、干孟德神父和杜華神父，及本篤會的白修女和梁修女已在港邊等待我們。牧神父立即陪我們到台北拜見郭若石總主教。主教熱誠地歡迎我們加入他的總教區，就在主教公署立刻簽了文件。

我們的腳一踏上台北，不但進入了「福地」，也到了「家」。這些耶穌會的神父、修士和各修會的修女，曾經認識的，或不認識的，現在每一位都把我們接到他的心中，把我們的事當作自己的事。我們把這一切事默存在心中，反覆思索，渴望著一步一步地學習這偉大奇妙的事，即是先我們到此地工作的神父、修士、修女所建立起來的這個傳教區的精神。

台北金門街和本篤會的修女首次相會。

午後跨進金門街本篤會修院的門檻，修女們立刻把我們當作貴賓招待，馬上準備佳餚美味，還客氣地說只是「家常便飯」。但對我們這些四、五年不曾嚐過道地中國菜的四位國籍修女，這簡直是一桌大宴席。德蘭姆姆看到桌上一盤一盤的菜淨空，驚訝無比，好像不知我們忍飢挨餓了幾天！本篤會的姐妹們卻了解，所以從廚房和冰箱裡取出各種吸引人的鄉味，請我們品嚐，這次我們可完全忘記了刻苦。但無論是本篤會或我們，都不可能忘記我們在台灣土地上的第一天。而這回憶使本篤會和加爾默羅會之間結下了深厚的友誼。

次日，聖神降臨節前夕，六月的首瞻禮七，牧神父領我們到台北公共汽車總站，從那驚人、巨大、不斷喧吵的人群中，神父把我們帶領到已客滿，正等著出發的汽車前，我們每人挾著手提包，提著香港的修女送的盆景，上氣不接下氣地擠上了公車，只聽到身後砰一聲猛然門被關上，車慢慢開始移動。

新竹在什麼地方？我們一無所知。

五　初抵新竹

車廂裡非常悶熱，又特別擁擠，幾乎動彈不得。不久周圍的乘客開始注意我們，好奇地看我們的會衣長袍，又友善的望著我們幾位修道人，用手勢客氣地讓出座位給我們。我們非常感激，因為炎熱的天氣，環境的新奇，行李之多已使我們筋疲力盡。

窗外的景色慢慢地開始佔去我們的注意力。綠色地毯般的美麗稻田，偶而在上面可看到紅磚砌成的小小農舍，給人的感受是超越時空的平安和寧靜。窗外我們也看到農夫、水牛、牛車、華麗的廟宇或土地公的小廟，一切都是那麼地和諧。台灣真是一個平安的農業國家，而這裡的百姓是如此的自在滿足，如此的虔誠。

二小時的車程後，突然在我們睏倦的眼前，出現了一群神父、修女和教友，同時車也停下來了。原來這就是終站，新竹。這幾位耶穌會神父、修會的修女和慕道小姐，是歡迎我們的代表。他們使我們安心，幫忙提行李，陪我們一路走在大馬路正中央，護送我們走向西門街的隱院。他們解釋不必怕車輛，因為在整個新竹只有一輛私人轎車。至於公共汽車，難得經過，所以談不到什麼交通。

我們走到聖堂門口，據說這棟房子原來是商店，神父租了之後，變成新竹市的第一座天主堂。耶穌會會長倪神父身著白袍和小白衣，在門口邀請我們進聖堂，說明他要在我們面前舉行付洗禮，藉以表示耶穌會對我們的歡迎。我們深受感動，因為那是一個極有意義的表現。神父雖然沒有道出一句歡迎詞，卻以行動把我們納入了傳教的中心。換言之，他以行動表示了迎接我們到傳教區來，他們期待於我們的是什麼。

初抵新竹，修女們行走於大馬路上。

六　踏進隱院家門

從聖堂我們繼續步行，大約五點半走到未來的「家」——隱院門前。首先映入眼簾的是一棵大榕樹，樹蔭下有一小徑，一方往聖堂，一方通往轉箱處，當中顯然是隱院禁地的大門。此時院門稍開，從這半開的門可窺見禁地內的景物。有一道水泥路，路旁兩邊有很低的平房屋宅，襯著木框的小窗，水泥路盡頭有一長走廊，用粗木板圍著，走廊兩側都有窗戶。越過走廊有個小庭園，園中有幾棵成蔭的老樹，在角落處還有一小塊地，看似菜圃。圍繞這一切的是高高的竹籬笆牆。

在美國我們住的是正式穩固的修院房舍，有廣闊公園般的花園。和那裡的母院相比，初見這裡的家確實令我們感到驚慌。但很快傳教聖召的恩寵佔據了我們的心，以熱忱取代了驚慌的心情。畢竟我們是誰？天主從全世界一萬五千多位的加爾默羅會隱修女中選拔了我們來到聖德非凡的傳教士中間，成了隱沒的伙伴，和他們分擔這些外教人單純窮苦的生活。顯然的貧乏和諸多不便，及將來可能要面臨的各種困苦艱難，和此時此刻在我們內心燃燒起來的喜樂的熱火相比，完全不算什麼了。

推開院門走進禁地，高高興興地感謝了護送我們到家的代表們，就關上了大門。只有方濟各會的二位姆姆留下，她們悄悄地告訴我們：「離開以前讓

踏進隱院的大門。

我們解釋一點關於您們的家。」「這一點」原來是關於我們的床！前一天耶穌會的神父拜託她們準備床並鋪好。面對一組一組的木板和腳架，加上三十四個大小箱子，她們很是為難。坦白說她們無法知道三十四個箱子中哪一個有我們的床單，更不知如何在光滑的木板上鋪床。

她們說第二件事是不知我們是否會使用燒煤爐子。一聽說燒煤爐子，我們全體修女衝到廚房去看這新奇的東西。果然在廚房中央像一位皇后，這爐子坐在那裡，還有一個相當粗大的煙筒一直通到屋頂。

晚餐剛結束，突然聽見各種奇特的樂器敲打聲，隨著有尖銳的半唱半哭的歌聲。我們完全不懂這刺耳音樂的意義，所以甚感困惑。近午夜這驚人的音樂還不停止。天氣非常悶熱，不斷的喧嘩夾雜著樂器聲，震耳欲聾，使我們由衷體會到這真是傳教生涯了不起的開始。事過數月，偶然聽說附近有一座媽祖廟，而我們到新竹那一天正是端午節，所以傍晚開始在廟旁的露天舞台上演出一齣本地歌仔戲。這就是在新竹的第一夜。

七　建院日

六月六日聖神降臨節早晨，牧育才神父從台北趕來獻會院的首祭彌撒，即是我們的建院日。

雖然我們沒有邀請任何人，許多當地教友來參與聖祭。神父講了一篇感人的道理，形容我們好似發電廠，神父手指天花板的燈說：「我們傳教士好比那些電燈，聖衣會的修女就好像電，倘若沒有電，我們就一無所用。」

這座純傳教區式的隱修院使我們非常驕傲。因為它非常貧窮、窄小，斗室僅七乘九方尺，洗衣房沒有窗戶，很黑暗，要把盆子搬到後院露天才能洗衣服，用熱水就得拿起大鍋，在露天的火爐裡生火燒水。雖然如此，這座隱修院具備嚴守禁地的所有條件，即鐵柵欄、兩道鑰匙緊鎖的禁地大門和三道門，周圍的竹籬笆高牆，在經堂的屋頂上還有一個小鐘樓，是耶穌會雷修士的藝術傑作，也是這位修士用盡心思，改造了這幾棟台式小房子，才有了我們的隱修院。

六月中旬總主教通知我們，七月十六日加爾默羅聖母節日來隱院獻祭，並正式封閉修院。耶穌會神父有意宣傳隱修聖召，決定組織瞻禮前三日敬禮。修院仍未封閉前，凡前來參加三日敬禮者都可入院參觀。這話一傳出去，很快便聽說有不少人從各地來，因為想進入隱院參觀。唉！我們正努力適應這裡的氣候，尋找方法和當地人的生活相似。這本不是一件簡單的事，因為無論是食物、衣著或生活習慣，和美國非常不同。現在卻要面對這些訪客，我們必須目不轉睛，日夜不休，全力以赴的整理整個修院。

正式封閉隱院前，整整一個月真是艱苦勞力。從三十四個箱子中取出了所有東西，設法在極有限的空間裡安排妥當。之後，還要耕種花園和菜園。此外，不可忽略每天的祈禱生活。幸虧我們有許多事要做，這樣就沒有時間注意天氣的炎熱，許多的不便和適應新環境的各種問題，只顧面對未來的挑戰。

新竹西門街隱修院內的飯廳門口。

隱修女簡樸的斗室。

八　正式封院

七月十六日加爾默羅聖母節日，總主教預定下午來修院獻祭後正式封閉隱院。

二點整，總主教蒞臨。隆重莊嚴的彌撒後，神父、修士們遊行入院，總主教所到之處，大量遍灑聖水。當所有訪客由禁地窄門離去，最後總主教跨出院門時露出非常滿意的微笑，向院長姆姆示意，要她好好鎖上這道門。終於院中只留下了我們。小小的隱院，這真是我們世上的天堂。我們歡欣地彼此擁抱起來，因為從此刻開始，我們可以專心度退隱默觀的生活了，這才是我們越洋由遠處來到這美麗台灣的目的。

新竹西門街的經堂，牆上供奉著母院帶來的小耶穌君王像。

九　中正路修院

在西門街住了三年後，德蘭姆姆決定離開這暫時、適應性、傳教式的隱院，建立一座傳統式、純默觀的隱修院。這決定足以表示姆姆的智慧和遠見，無畏和果斷的精神。

當時我們沒有固定的收入，更沒有財產，等於赤手空拳蓋一座標準的隱修院。沒有人敢相信這事能成功，連耶穌會的神長們都懷疑如此決定是否明智？是否該等幾年？但德蘭姆姆是靠信德生活的人。她堅信天主要她在台灣傳教區建立隱修院，目的是為了當地的女孩子，使她們有機會加入隱修院，成為真實的祈禱默觀的修女，為達到這個目的，姆姆不會裹足不前。相反，只要她知道是天主的旨意，她不怕接受任何挑戰，不惜付出任何代價，只求完成天主的計劃。

德蘭姆姆所設計的中正路隱修院，完全是中國式的建築和佈局：琉璃瓦、灰牆、紅磚地、中庭通道圓形拱門；聖堂內懸掛中國式的宮燈，聖衣聖母像和聖若瑟像是劉河北女士的國畫，祭台和聖體龕都是中國花紋的精緻木雕。

當年的建築師范紀明先生，由於目睹德蘭姆姆的中國迷，深受感動，

中正路隱修院聖堂祭台正中央的木雕，願天主聖三的愛和降福滿被台灣。

新竹中正路的隱修院。

後來竟然因此領洗進教。還有，每當姆姆監督雕刻木工時，雕塑匠總是稱聖體龕為小房子，後來看姆姆如此一再地叮嚀，要求完美，才明瞭這是怎麼回事，立即改口稱之為「小宮殿」。

一九五七年十二月二十四日，聖誕節前夕，晨禱一結束，在西門街的小隱院用了最後一次早餐後，我們坐上費主教親自開來的車，來到新竹市的北區，靠近費主教蓋的主教座堂，搬入中正路新建的隱院。一九五八年主顯節郭總主教再次蒞臨，由許多位神長陪伴，舉行了落成和封閉典禮。

住進這座隱院後，在我們心中對隱修播下的不可磨滅的喜愛、認識和欣賞的種籽，及與日俱增的切身經驗，這些恩寵是無比珍貴的，日後成了在台灣發展隱修精神的基本信念，以及確定隱修聖召的方向。

至今，凡是在中正路隱修院生活過的修女還會懷念那裡的純樸、貧窮、遠離世俗的生活。在那裡修女們很少離開禁地，偶而必須去一趟醫院，心中還是懸念著「家」，回來腳一踏進禁地門檻，頓時心就如魚兒得水，游到靜默的深處去。

中正路修院的走廊。

大約一九七二或七三年初，平靜的隱院氣氛被偶然傳進來的新聞擾亂，「政府要在修院正對面蓋一個大規模的批發菜市場。」

這座批發菜市場的聲名大噪，從此各種車輛遽增。菜市場周圍出現了各式的行商妙招，跌打損傷膏藥、小販們的喊叫聲不絕。某位富商見批發市場如此興盛，就在隔壁蓋了一所豪華電影院。電影院開始營業的那一天起，隱修院的安寧和靜默不翼而飛。因為這家電影院為吸引觀眾，異想天開，日夜廣播上映的影片。於是各種奇怪的聲響不時纏繞著修院。

一九七八年八月，政府派人來通知我們，官方已決定在修院旁開闢經國路，需要我們讓出一塊寬大的土地，作為未來大馬路的一部分。這通知使我們清楚肯定，天主已顯示了祂的旨意，也是我們該行動的記號。但要如何進行呢？洞察人心的天主知道，我們確實沒有能力執行再度遷院的這件大事。在傳教區二十多年的生活，讓我們學會了一個方法，即是遇到困惑為難或無助時，誠心祈禱，把一切交託在天主手中。

天主打發一位最合適的人來為我們解決所有的問題。他不但是虔誠的教友，也是某建設公司的董事長。有一天，他偶然走進院門，只想問候二十年前相識的修女們。他的來訪，給我們一個預感，這一位就是天主打發來幫助我們的人。果然，當我們解釋給他所有的問題之後，他冷靜思考了一下，只說了一句話：「姆姆，先讓我找到了地再談。」一二個多月我們不見他的人影，等他再次出現時，只說了兩句話：「我找到了地，請姆姆出來看看。」

於是院長和第一參議修女坐上這位董事長戴若瑟先生的車，從新竹出發驅車約半個小時，到了芎林，一個很安靜的小鄉鎮。車慢慢地開到一個小山丘就停下，她們下車向四周觀望，只見一片平地，上面種著不少水梨樹。山脈丘陵環繞遠處，層層疊翠。朝南俯視，一片山谷平原，觸目皆是綠油油的稻田，左邊山麓下，不遠處是美麗的小城鎮竹東。

她們立刻愛上了這塊土地，不只因為怡人的景色，吸引了她們，更因為這裡的靜默，深深地打動了她們的心。心中頓時覺得，這裡才是得天獨厚的隱修福地。於是毫不遲疑地請求戴先生，儘快買下這塊土地。

一旦土地買妥，戴先生便認真開始處理中正路的房地產，並籌備建築芎林隱院。沒想到謠言四起，攻擊戴先生，說他蓄意欺騙無知的修女們，又惡言批評隱院敗家，以金磚換瓦片。在這種狀況之下，我們只好暫停行動。

那時德蘭姆姆已八十高齡，眼看著我們心事重重，愁眉不展，彷彿透澈我們的心，對我們說：「做事情，決定事情，總不要以人為主，要在天主面前站穩，以祂為主。如果你們認為一位朋友是天主派來的，值得你們信任，就不要聽從謠言，改變主意，放棄對他的信賴。你們要有始有終，把持自己的方向，堅持到底。我認為戴若瑟是值得我們信任的人。」接著姆姆又說：「我們的遷院不是做買賣。天主的旨意要我們離開這裡，祂必會在另一個地方給我們一座修院。我們聽從天主，從祂手中接受我們的隱院，一切是天主的恩賜。所以離開這裡不要拿一分錢，住進新院也不要付一分錢，因為我們是靠天主生活的人。」

天主藉著德蘭姆姆的話解除了僵局。此後，戴先生親自住到工寮裡，每天充當監工，日夜督導二、三百名工人。一年半完成了一座人見人愛的標準隱院。

一九六九年為慶祝德蘭姆姆入會金慶，保拉姆姆繪製大型壁畫。左為羅馬聖伯多祿大殿，中間是新竹隱修院，右上為聖女大德蘭。

SANCTA MATER TERESIA DOCTOR EC ESIAE, VIDE ET VISITA VI

十一　芎林隱院

一九八〇年三月十九日大聖若瑟節日，杜主教在芎林的建地上舉行了動土典禮，一年後，四月三日我們離開住了二十七年的新竹，遷入芎林新修院。雖然當時尚未完工，但為能幫助戴先生更完美地完成聖堂、經堂和其他隱院內特殊的設備，我們提前遷移到芎林。在芎林隱院第一個清晨醒來時，所聽到的不是卡車的喇叭和緊急剎車，而是多種小鳥的婉轉歌聲，和涼爽新鮮空氣的味道，多大的差別！

八月底全部建築完工。杜主教訂於九月六日舉行落成封院祝聖禮。我們的杜主教主祭，各地的總主教、主教、教廷大使館的代辦和多位神父共祭。下午吉利友代辦在聖堂裡舉行聖體降福，賈總主教講道，結束了近整天的封院日。那真是榮耀的一天。從此隱院的門再度封閉，終於我們又可擁抱那熟悉的隱居默觀的生活了。落成典禮後一年，即一九八二年十月十七日，我們舉行了祝聖聖堂及祭台的隆重典禮。

如今回憶將近二十五年前遷至芎林時的點點滴滴，令我們最感念的是德蘭姆姆。我們由衷欽佩姆姆為人處事的超然心懷，絕不受世俗的精神和習慣左右，給我們留下永難忘懷的教訓。特別是姆姆的與世俗精神絕不妥協的價隱修女最感安慰的是人們來隱院，為尋找天主——隱院的主人。苛林隱院修女在小聖堂唱聖歌。

修女們在經堂內祈禱。

值觀和作風，這本是默觀隱院的特徵。但生活在現世中，無論遇到大事小事，常能以思言行為，忠心活出這特性，需要多大的恩寵，多深的信念，和多恒心的操練。

德蘭姆姆過世近二十年，她給我們留下的許多恩惠，仍在結美好的果實。反省往事，其中的一個美果即是戴先生的深厚友誼，誠如姆姆所說，戴先生的確是一位完全可信任的朋友。自從他創立了自己的公司，天主百倍地降福了他的事業，他非常欣賞隱院的祈禱生活，所以建築了苳林隱院後，常關心我們，視這座隱院如自己的家產，無論是修繕、改修或增建，總之，二十多年來，院中大大小小的工程無不全由戴先生親自包辦，且全是「奉獻」。

苳林隱修院禁地中庭。

姆姆留給我們的另一個果實就是團結。從遷院這件事，可以明顯的看出來，平時團體各有各自的看法和作風，但每一次團體遭受困苦、災害、磨難，或面對問題、危機時，會立刻從最大的到最小的團結一致，好似只有一個頭，只有一顆心。我們認為這是天主的特殊恩賜，也是姆姆留給我們的最寶貴遺產。

十二 深坑分院

約四十年前，一位幼稚園的園長朱秀榮女士，為了一位小朋友眼睛的受傷，非常憂慮，來信請求為小孩的痊癒祈禱。朱校長深愛隱院，此後四十年來，她常把隱院的事當作自己的事，只要能力所及，熱誠地為我們服務。而在這四十年中，她的再興幼稚園增加了再興小學，又增加了再興中學，現在已是名聞全省的十五年制的再興學校。

朱校長是一位熱心的教友，又非常重視神修，她自然地愛上了隱院，只要能從繁忙的工作抽空，她一定來探望我們，暢談她喜愛的靈修問題。有一次，她見到我們的團體又增加了幾位初學生，就問我們說，將來如果修院住滿了修女，我們要怎麼辦？院長姆姆回答，如果天主願意的話，我們要到別的教區創立新院。聽了這話，她高興地說：「我要幫忙！」

此時天主又給了我們另一個記號。一九八七年七月底台北總教區賈彥文總主教來信詢問我們，苓林隱修院是否願意在台北教區建立一座加爾默羅會隱修院。我們答覆總主教：「只要是天主的旨意，有總會的批准，總主教的邀請，我們願意。」有了我們的答覆，總主教立刻行動，致書總會長。總會長斐理伯神父欣然允諾。

朱校長獲悉總主教的邀請，高興極了。立刻積極地到處找地，不久在深坑找

深坑隱修院的美麗聖堂。

到一塊清幽的山坡地，並開始籌劃在此建立一座隱修院，光榮天主。當時朱校長已年逾七十，她說天主降福了她的一生，賞賜無數的恩典，福祐她的事業，自覺得終生無以回報，她願出錢出力蓋一座隱修院，在台北建立隱居的純默觀生活。

一九九〇年二月舉行了光耀無比的破土典禮。一九九二年十月十二日，斐納德代辦和翁神父為深坑隱院舉行簡單的奠基禮，我們便開始進行工程。

一九九六年十一月二十六日，是深坑分院與芎林母院告別的日子。多年朝夕相處，同甘共苦的姊妹們即將分離。下午兩點鐘，最後一次大家齊聚在經堂裡，聖體降福之後，全體修女在會議室彼此擁抱話別。院長姆姆親自陪送到禁地的三道門，臨別時，再次一一擁抱降福，慈愛不捨地目送八位修女踏出禁地的門。

自從一九八七年賈彥文總主教的邀請，到一九九六年十一月搬進深坑隱修院，經歷了將近十年的考驗、磨練、奮鬥、忍耐、等待，終於天主決定祂的時機已到，我們可獻給天主祂願意接納的完美祭獻了。於是，遠在一九五四年從美國越洋到台灣，創立起來的加爾默羅會新竹芎林隱修院，經過四十二年的成長，現在已茁壯成熟，天主便賞賜給她力量，為天主的光榮，在深坑建立一座純國籍的加爾默羅會隱修院，也是芎林隱院的第一座分院。

十三 關於聖召

聖召是天主賜予的神祕恩寵，特別是隱修默觀聖召。人不易判斷誰有，誰沒有，但仍有可尋的記號，亦即，隱修聖召不在於有理想的背景和環境、喜愛祈禱或大學文憑；而是在於持有堅強的信德、謙虛可教的心、超性的看法和良好的判斷力。

團體面對的是了解什麼是加爾默羅會精神的本質，即是必須有的成分，好能正確的使本會真實傳統的精神、生活、特性、宗旨、習俗等，能以中國人能了解和認同的方法，說明自己的神恩，而讓這神恩吸引本地的女青年願意為它變賣一切，終身犧牲奮鬥，直到完全擁有它，讓它改造、變化、聖化自己，引領到與天主結合為止。

當然聖召是天主的恩賜，只有天主的愛能吸引人跟隨祂，屬於祂，然而教會中有許多不同的修會，其理由就是因為天主賜予的神恩不同。認識屬於自己修會的神恩，活出自己的修會神恩，使這神恩本地化，好能致富、聖化本地的教會，該是每一個修會的祈求和努力的方向。

慢慢我們發現，國人不但完全了解隱修默觀的聖召和生活方式，而且非常喜愛和欣賞，他們認為修道人或「出家人」應當與世俗隔離，即使不到深山曠

加爾默羅會內在蘊藏的恩寵與力量，深深吸引修女們划到深處。

野裡，也該遠離塵世，度一種超然物外、與世無爭的生活。年輕女孩子很被我們的喜樂精神吸引，她們表示很意外：「聽說你們很苦，所以叫苦修會，真沒有想到你們笑得這麼開心，好像天天愉快。」

我們也發現，真正能吸引中國人的加爾默羅會，並不是外在的嚴厲或苦修，而是內在蘊藏著的恩寵和力量，使人能活出天主的慈愛和美善。換句話說，不斷的祈禱和默觀在人身上所產生的天主的肖像。是這一點深深地吸引中國人，不只是中國修道人或教友，連外教人也被這恩寵吸引。

一九五八年遷入中正路修院後，度過一段平靜的日子。德蘭姆姆清楚地意識到，為了修會的發展和陶成，必須由懂得國語的國籍修女接掌要職。一九六六年，毅然決然地辭去院長職，提拔未達法定年齡的年輕修女繼承。當時教會法律規定，應年滿四十歲才能擔任院長職，因此新院長得等到教會上司的特別批准方可上任。新院長一上任，姆姆完

苳林隱院喜樂自在的修女們。

全順服地支持她。若是院長請教姆姆時，她會謙和地對她說：「孩子，你是院長，你做決定會有天主的光照，我不是院長，沒有光照。」

由於德蘭姆姆高貴超然的作風，在隱沒中不斷自我犧牲，忠順於天主的聖意，她那純潔的愛，致富了修院。待一九八一年遷入苳林隱院時，人數已由原先的八位增至十八位。德蘭姆姆過世後不久，天主便開始每年都賞賜給我們一兩位小姐入會，初學院有限的斗室很快全被住滿。小妹妹們就不客氣地一步一步，確切地說是一間一間的侵佔了黑紗修女們的斗室。有一段時期，保守生和初學生加在一起共有十二位，初學導師照顧這一群生氣蓬勃、意見多端的年輕人，真是忙得不亦樂乎。然而更費心的是，如何妥善栽培這些正在熱切渴望接受加爾默羅會全德之路的初學者？

加爾默羅隱修院的陶成不只是上課，更重要的一門功課是如何適當的陪伴每一位初學惟獨奔向耶穌，把自己完全交出，空虛自我，讓聖神自由地在她內塑造出耶穌的肖像。在這陪伴的過程中，面對的是每一位完全不同的個性，不同的背景，不同的靈修程度，不同的需要，但要達到的目的只有一個，即是以祈禱為路，與主密切的結合。

總之，這種深入的反省使我們達到一個結論，即是感謝天主，祂賜給國人自然適合隱修默觀的傾向和心理。這為度隱修生活是很有利的，但是為達到默觀聖召的目的尚且很遠。必須小心在本性上建立超性，在超性上加上妥善接受恩寵的準備，好能讓天主帶領我們進入聖德。

十四　德蘭姆姆

有一次，一位修女找德蘭姆姆傾訴許多的苦水，她專心地聆聽後，以很深刻的表情對她說：「Dear child, look at God!」這句話使那位修女畢生難忘。當第一位本省籍的修女誓發隆重聖願時，那一天德蘭姆姆對她說：「如果只有你一個人在加爾默羅隱修會的聖召上成功，我也認為從美國來台灣建立修院的一切勞苦是值得的。今天見你誓發了隆重聖願，我要說，今天我們的隱修院成功了。」這就是耶穌德蘭姆姆的價值觀。

德蘭姆姆的個子很高，約有一六八公分，氣宇不凡，常留給人極深刻的良好印象。她曾在母院擔任數年的轉箱修女，許多來訪的貴婦女都很敬愛她，一直和她保持信件來往，甚至在經濟方面支持她在台的建院。來台不久，蔣夫人認識她之後，和她保持信件往返，達二十年之久，視她為知友。

德蘭姆姆於一八九九年十月十一日誕生於美國蒙大拿州標特城，是父母親的獨生愛女。父親為醫生，母親是愛爾蘭後裔，具有非常堅強的信德，這對德蘭姆姆的個性有深遠的影響。她從小接受非常良好的人文教育，受教於聖名修女會辦的學院。她在學校時聽到了主對她的召喚，由於是母親掌上的明珠，她默默地忍受無數的痛苦後，一九一九年毅然辭別傷痛的母親，進入加州聖克拉拉城的耶穌聖嬰加爾默羅隱修院。

雖然德蘭姆姆有點莊嚴沉靜，卻不失愛爾蘭的幽默特質，有時也會說些令人捧腹的笑話。她很會誦唸文學作品，往往挑選極佳的文集在散心時唸給修女們聽，例如：賓漢、麥帥回憶錄、Benson 的小說……等等，還有一些令人爆笑又高雅的趣味著作，姆姆唸起來就像中國的說書，表情十足，扣人心弦。除了文學作品外，有時還涉獵神哲學，例如馬利旦……等，提升修女們的知

第一位本省籍修女誓發隆重聖願後與德蘭姆姆合影。

性領域。德蘭姆姆除了會英語，還通曉拉丁文、法文和希臘文。她的書寫能力很好，字體端正有力。無論從哪一方面看來，她都是個十足的才女。

她在世的最後幾年，忍受了肉身和精神上極深的痛苦。她要求我們從不要提她是「建院者」。她說是天主親自建立了這座隱修院，不是她，她只不過是個卑賤、可憐的工具而已。並要求在她去世後，不要提她半個字。顯然，這是她面對最後極大淨化的時刻，更是她生命最後時刻的全燔祭，因為她愛得多，愛得純。

當我們很難再看她受這樣多的痛苦時，她安慰我們說：「不要悲傷，一切順從祂的旨意吧！我以感激的心接受。」但她並沒有完全失掉安慰，因為她說：「我與耶穌同在十字架上，聖母就在我身旁。」她一生對聖母有極深的、如同孩兒般的敬愛，聖母在她生命的末刻，沒有捨棄她。臨終時，德蘭姆姆沒有絲毫掙扎，平靜地吐出一聲輕輕的嘆息，好似越過直達天堂的門檻，同時留給我們一扇微開的天堂門。

姆姆的健康很快地衰退，臥床數月，給了我們全心全力服侍照顧她的機會，可以非常親密地接近她。姆姆的一生是深邃的信德，傳給我們的遺產就是這個無畏的精神，對天主忠貞到底的信德和無保留的依恃。姆姆確信，除了信德和依恃之心外，默觀生活不可能在任何其他的基礎上建立起來。耶穌德蘭姆姆安逝於一九八四年七月二十九日。享年八十五歲。

姆姆去世後，在她的遺物中找到了一張紙片，姆姆用已退化的手親筆寫著：

「等待！天主等著我們等待祂。」

五十年後，回首德蘭姆姆在台建院的最重要的神恩和貢獻，無非是她正確的先見和行事的毅力。姆姆從一開始便認清在傳教區培育和堅定默觀聖召的重要性，並為此奉獻了一生，完成了她的使命。

她強調若願意維持隱修院的熱心，必須著眼於個人對聖召的忠心。她提醒我們：「總不可一代不如一代，要一代超過一代。」又說：「聖多瑪斯教導我們，修練成全是修道人的義務。」從這兩句話，我們可以了解德蘭姆姆對聖召的看法，所以在任何環境下，我們從不敢降低隱修默觀的精神和目標，也不敢放鬆隱修生活對我們的每日要求。德蘭姆姆對默觀聖召，特別是加爾默羅隱修聖召，給我們留下了深遠的影響。

德蘭姆姆的話

一九五四年五月底，我們到了香港，在那裡傳教已久的保祿會法國院長修女出於愛心，勸姆姆帶我們全體修女儘快回美國，因為院長修女認為共產黨不久必佔領台灣。姆姆回答：「修女，我們去台灣是天主的旨意，不必怕，天主必會照顧我們。」

一九六〇年姆姆患病去羅東聖母醫院前夕，對保拉姆姆說：「如果天主接我走，你要記住，你們國籍修女可以繼續在台灣成長發展我們的修會，不必向美國修院求助。」

一九六一年九月上旬一天夜裡，巴美拉颱風襲擊台灣。中正路隱院滿目瘡痍，我們滿懷悲痛，無言以對。德蘭姆姆見到大家如此沮喪，就把我們叫到身邊，溫和地說：「你們看看，我們大家不是都在這裡好好的嗎？這才是值得我們感謝天主的。至於那些外在的損失，不必憂愁，不必放在心上。」

德蘭姆姆當院長時，有時我們向姆姆訴苦抱怨，她給我們的教導是：「為你，有耶穌還不夠嗎？」

我們第一位本省修女誓發隆重聖願那天，姆姆說：「今天我看到這位修女發了終身願，我要說，我們到台灣來建立這座加爾默羅隱修院成功了。只要看到一位本省修女誓發終身願，為建立這座隱修院所經歷的一切痛苦、勞累都是值得的。」

一九六六年姆姆退休前交代：一代比一代要更好，不是一代不如一代。

一九八四年姆姆臥病，到去世十個多月。有一天修女見姆姆辛苦，便對她說：「姆姆，求耶穌和聖母，祂們會幫助您。」姆姆立刻回答：「你想我能沒有祂們嗎？告訴你，沒有祂們我連一天也活不下去。」

十五　第一批基石

雖然隱修者的傳教聖召非常的特殊，是天主純粹的恩賜，但也需要個人慷慨的合作。由於是相當艱苦的聖召，不是每一位被召者都能承當的，來台不到一年，傑瑪修女因水土不服返美，愛達修女和我們度過最艱辛的兩年半後，也回到自己的母院去了。聖地雅各隱院的院長姆姆是德蘭姆姆的初學同伴，深知我們的需要，便派基利斯定修女前來協助我們。

從此，德蘭姆姆、瑪加利大瑪利修女和基利斯定修女成了上天之主隱院的第一批基石。她們日夜和我們生活在一個屋簷下，並肩出力，同甘共苦了三十多年，給我們留下難忘的善表和德行，最後為這個傳教區，為這個國家，為教會奉獻了寶貴的生命。在她們身上，我們的確看到了默觀者真正的傳教聖召。

她們雖然沒有學會我們的語言，但天主卻以這聖召的恩寵改造了她們的心，使她們把台灣當作自己的第二故鄉，愛上了這裡的居民如自己的家人，在各種犧牲和困苦中，從未減退為傳教祈禱奉獻犧牲的心火。她們的精神使我們學習到真正默觀者的傳教不是靠做什麼，而是靠由天主改造的心所發出的犧牲和純愛的火，使之成為傳教的力量。如今三位都安息在我們的墓園，但她們的身影常在我們的腦海裡，她們仍活在我們中間。

隱修院三位美籍姆姆安息在墓園中。

隱修女踏入禁地門檻，心如魚兒得水，游到靜默深處。

卷三

內心的隱修院

人真正需要的是什麼？

一千六百多年前的聖奧斯定跟現在的我們是一樣的。「祢在我內，我卻在我外，我在外邊尋找祢，想要以美麗的受造物來填補我的內心，它們使我遠離祢。……除非憩息在祢內，我們的心靈將不得安寧。」聖奧斯定說他在外邊找，找不到，回到內心就找到了。外面的世界變了，可是人的內心不變。

人如果知道自己從哪裡來，到哪裡去，生存的全部奧祕就得到解答，而這奧祕是在人內心裡。聖奧斯定在那裡找到，現代人也一定會在內心找到。因為聖十字若望說：「如果我們在找天主，天主更在找我們。」

隱修院是個謎。很多人不知道隱修院是什麼，但是看見隱修院，自然會問：為什麼存在隱修院？加爾默羅會隱修院的生活方式，能讓人開始用心面對這件事情：從哪裡來，到哪裡去？隱修女的生活，就是在內心製造一些空間和靜默，面對自己，找到天主。

不管哪個時代，人都在尋找一種幸福感、安全感。每個人都需要一點空間，脫離緊張壓力，感覺到舒服、自在。現在很多人不清楚活在世上做什麼？為什麼？要什麼？當目標不清楚，人真的很迷失。如果能讓一個人確定，活在世上有它很寶貴的價值，這個人就安全、穩定了，從這裡很容易找到自己的路。

現代人不需要離開日常，無論在哪裡，也能有些安靜的空間。在自己房間裡或走在馬路上，把自己從五官收回來，不要被好奇心牽著跑，內心自然會有空間，可以跟自己對話，甚至不需要對話，只是讓自己思想安靜下來，自然而然會覺得處在一個較寬大的空間。

每個人在自己生活的範圍內就能進入靜默。看看夜晚靜默的天空，看見馬路邊一棵樹的一兩片葉子，慢慢收斂心神，集中於一，人就認真了；太多東西分散精神，就會覺得好忙，好累。一個人認真時，能面對很多事情，特別是自己真正的需要是什麼。

當一個人收斂心神、集中於一時，最靜默也最平安。

訪談

一切為愛耶穌而做

——陳院長被釘耶穌的瑪利亞姆姆談入會六十年

我們是突然被天主的愛感動而來的。是愛，每個聖召都是因為愛，就是被感動，什麼都肯放棄。

入會六十年來，最強烈的感受就是被召喚，一輩子全心獻身給天主的愛。剛入會時十幾歲什麼都不懂，不知道要走什麼路，可是很願意，很高興，什麼都肯犧牲，就這樣開始。

那是恩寵的時候，恩寵過去又是重頭來。入會後，隱修會生活是實際的，有些人會離開，有些人會走到底。有時候會卡在那裡，因為很多困難，忘我的困難，死於自我的困難，因為要達到全心愛天主，必須忘記自己，得把自己丟掉，把生活中大大小小的事，都轉化成為天主的愛。

一切為愛耶穌做的，一入會我就這麼做。痛苦也是為祂，吃飯也是為祂，操作也是為祂，任何發生的事都是為祂。很簡單，我是這樣走。

隱修就是離開一切，完全屬於天主，不顧別的事。為什麼到曠野去，就是離開世俗。世俗很廣，修院裡面也可以很多世俗，可是你要離開。我們不能擁抱世俗的看法或世俗的價值。世俗是自愛，為自己。為自己的健康，為自己的時間，為自己的興趣，為自己的對錯，為自己的這個那個，這都是世俗。隱修是一直隱修，不斷離開世俗。這需要天主聖神的帶領。

二〇一四年加爾默羅隱修院慶祝在台六十周年，陳院長姆姆（右一）入會六十年，並開始慶祝二〇一五年聖女大德蘭誕生五百周年。

隱修院生活最大的挑戰是我自己，常常想自己。自己很困難，不是別人。自己喜歡的，或是反感的。反感一個人或一件事還比較容易克服，可是我喜歡的人或喜歡的事很難克服，自己喜歡是最難的。懂了之後，我發現那是自愛，是自愛在那裡作祟。

加爾默羅隱修院來台灣六十年，是建立一個讓人愛慕天主的地方。天主可以安息的地方，就是我們的心靈，不是別的。

書信

朝向聖三居所的心之旅

致加爾默羅會士——聖三保拉姆姆

您曾請求我指示您達到「忘記自我」的道路。關於您的懇切要求，我已獲致些微的思想。我可以告訴您，達到如此令人欣羨的靈修境界，並無現成的「公式」或「祕方」。但這裡倒有若干提示，能相幫您踏上此路。

對於認真渴望達到忘我的人，至少有條可以進入的道路，此即「朝向聖三居所的心之旅」。

人必須進入自己的深處，通常我們都生活於浮面，虛擲生命，忙碌於感官的印象、事務、計劃，實現我們的欲望，若非如此，則徒然舔拭創傷，顧影自憐。我們必不可投身於令人麻木、縈繞心懷的自愛中，也不可讓這些重擔壓住心頭，好使我們能隨時待命，聽從聖神對我們的期待。

因為「忘我之路」無異於「愛之路」。惟有知道以不分裂，或無保留之心去愛的人，才能忘記他們自己。人必須置身於深深的內在靜默，在個人的內心斗室中，完全奉獻自己於天主本身。甚至必須能剝除與人交談上的愉悅，時常陪伴著天主，完全準備好承行祂在您內的召喚。

當自我內的事事物物都沉入深深的靜默中，這人離忘我就不遠了。因為到那時，在靈魂的深處會很容易聽到愛的靜默召喚。如果沒有朝向聖三居所的內在靜默行動，人怎麼可能走出自我，以個人完整的生命依附上主呢？在深度的靜默中，存留於祂內，這樣才能使天主變化我們的面容，相似祂自己！

這是很長的靈心之旅，是一條漫漫長路。大部分的人都必須經歷漫長的歲月，才能抵達所嚮往的目的地。因為路途中有許多分心、誘惑、迷惘，甚至灰心、妥協、長久執著於尋求自愛的滿足。我們必須像聖保祿，堅決地邁向「為了祂的愛，自願損失一切」（斐三8）。

為了祂，永遠地朝拜祂，要接受生活於孤獨中，即使處於人群中亦然，雖然參加團體活動，也要生活於孤獨中；要除卻自我和外物，即使您有自由，有許多東西可任您個人使用，且擁有許多精神和本性的恩賜。靈魂若非死於自我和萬物，決不會抵達心之旅的目標，在心之旅的終點，她找到了忘我中的真正平安。

總之，我所瞭解的忘我之路，即是真愛之路，此無非就是死於不是天主本身的萬物。除非人完全順從聖神，絕無抵達的方法。因為此乃不露形跡之路。對於每一位勇敢、勇氣十足的心之旅者，這條路是獨一無二的。

耶穌會士　翁德昭神父　聖心節日　一九八九年六月二日

分享

聖三保拉姆姆談祈禱、口禱、心禱、默觀

祈禱

說到祈禱，讓我從自己的經驗講起。

剛入聖衣會時，我只知道聖衣會是一個祈禱的地方，但是我不會祈禱，怎麼辦呢？後來我發現，愛上天主，自然就會祈禱。我一發現這靈魂的可貴和美麗，就開始愛上了天主。愛上了天主之後，自然而然就會跟天主講話。這就是祈禱。

我們的會母大德蘭說祈禱主要是靈魂的一種活動，利用天主所賜的能力與天主交往。要發展自己的靈魂，使成為一個祈禱的人，首先就要知道如何進入自己的內心。知道、相信天主居住在我們內，就會開始有祈禱的生活。

要怎樣進入內心呢？這需要有決心、要奮鬥、要忍耐。一個人要進入內心時，魔鬼會用各種方法阻擾。最常用的技倆就是「忙」，讓你從早忙到晚，不記得內心有天主的臨在。而開始走祈禱的路，我自己的經驗是，魔鬼首先讓你垂頭喪氣，毫無收穫，你用了一天的時間，避靜、祈禱、拜聖體、唸日

課……，但是天主一點安慰也不給你，使你垂頭喪氣。其次就是生活上遇到困難。我這麼愛天主，常常想念天主、恭敬天主，但是在生活上，不是姊妹給我麻煩，就是有其他的一大堆麻煩，那我恭敬天主又有什麼用呢？或是感到自己不會祈禱。跪了半天，人在聖堂裡，但是心跑到菜園裡，或周遊世界去了。一祈禱就沒有好事，不是頭痛，就是腿痛。這時你需要的就是決心，無論如何都不放棄祈禱，你若決心不離開天主，慢慢就會找到內心的美，就會進入內心。

要進入內心，首先就得收斂心神，你的心要放棄很多東西。要慢慢捨棄你的心所掛念的，把它放掉。收斂心神就是什麼佔據你的心，你就要跟這東西打仗、要放棄它。這是要進入內心的人的第一仗。重要的是讓自己的生活單純化，使生活需要愈少愈好，不為自己找過多的負擔，這樣才能進入內心，也才能找到天主。

我們修女的斗室很小，沒有什麼東西。但我告訴修女們，不一定你的斗室裡什麼都沒有，你的心就是很單純，你若一直想：我在世俗時到哪裡去旅行啦，現在被關進來，哪裡都不能去了，可是旅行多好玩啊，你就是被抓住了。外在環境當然重要，但不是最重要，最重要的是內心的環境。又如有些人給自己一大堆事負責，把自己壓得氣都透不過來。這有什麼好？你的內心沒有享受到自由。其實跟天主交往，你的心愈寧靜、愈自由愈好。

其次是不多管別人的閒事。耶穌不也告訴伯多祿，若望怎麼樣，與你有什麼相干，你跟隨我就好了（見若21：19～22）。這個精神很重要，一個人要達到跟天主密切的交往、密切的關係，一定要了無自己，要跳出來。

若真正要進入祈禱，則不需要太多思想。祈禱時只要一個聖善的思想，來養你的靈魂，使靈魂體驗到天主的富裕。要進入祈禱，需要一顆寧靜的心，這顆心很寬，有空間。這才是真正進入祈禱的狀況。

要變成祈禱的人，千萬不要一心兩用。一個人一次只能專心做一件事，好好地做這件事，因為此時此刻，就是天主給你的旨意。有一位本篤會的修女，從一入會就負責熨衣服，每天熨，熨了一輩子衣服，這修女去世後，被列聖品。她的聖德在哪裡呢？在於她透過每天做天主給她的工作，達到了跟天主密切結合。人的價值在哪裡？靈魂的價值在哪裡？除了達到密切跟天主結合、成聖，沒有其他。

我盼望你們每一個人都能成聖，此外沒有別的了。

口禱

說到祈禱，我自己有兩個原則，一是相信祈禱可幫助你改變自己的個性。雖然我們說江山易改，本性難移，但我發現面對難移的本性，祈禱真會改變你，這是祈禱的力量。另一個原則是，過祈禱生活的人很容易體會自己的無能，想祈禱，但不會祈禱。可是天主就是能配合你的無能，跟你走下去。祈禱的美就在這裡，不是你自己在祈禱，而是天主在你內祈禱，使你能結出果實。

一九四六年我十九歲，那時我住在南京，姊姊剛去世，去世前由南京國父路天主堂的牧育才神父幫她付洗。姊姊死後，牧神父要我去聽道理。剛開始聽道理不久，有一天我去望彌撒，看到一位照顧聖堂的管老太太在聖堂裡大聲唸早禱，彌撒開始，她又開始大聲唸經文。領洗後，我慢慢地了解，對這老太太來說，她一跪下來，天主的臨在就在那裡了。不知不覺，我自己心裡也對天主有了一個不可磨滅的信德。祂的臨在，通過這個老太太到我心裡來了。這是我對口禱的第一個經驗。我發現口禱有了不起的力量，你能唸，就是因為天主給了你信德，我們知道許多中華聖人都不識字，他們從一代一代傳下來，一直在唸的經，給他們帶來那麼大的信德，使他們能為信德致命。

口禱一定要有信德為基礎。如果沒有信德，不相信天主的存在，唸經又有什麼意義呢？口禱是耶穌教給我們的祈禱，如天主經，三項祈求是對天主的，四項祈求是我們自己的需要。不管是老人或小孩，或是病人，誰都可以唸天主經。天主經給人帶來的是什麼恩寵呢？是跟天主密切結合的恩寵。為什麼耶穌教我們天主經，因為他要我們跟他的天父接觸，能夠跟他在一起。

口禱的基礎就是建立在天主經上面。真正的口禱，一定也有心禱。你要了解你在說什麼，在向誰講這話，因此要有一種體會，在唸經的時候，你的心是不是能藉這個經安靜下來，如果不能安靜下來，愈唸愈心煩、疲乏，就要明白你的口禱沒有力量。

口禱有很多種，像神父、修女唸的日課，是口禱；唸玫瑰經，也是一種口禱。有的人藉著唸玫瑰經，而達到與天主很深的結合。其他的口禱還有聖母禱文、耶穌聖名禱文、耶穌聖心禱文、大聖若瑟禱文等；聖人寫的祈禱，像聖女小德蘭、聖三麗沙，她們自己寫的經文，這些都是口禱的材料。口禱跟短誦也很有關係，短短的一句話可以帶你飛到天主那裡。如果你誠心誠意地去唸，我們的口禱總是會帶領我們到天主要帶領我們的地方去。

真正願意進入口禱的人，心裡第一個能體驗到的，就是耶穌所說的：貧窮的人是有福的，因為天國是他們的；哀慟的人是有福的，因為他們會得到安慰。口禱的人，不論是感謝、讚美天主，或向天主祈求，他的心基本上是很謙虛的。他知道自己不過是一個沒有什麼、很貧窮的受造物，他也知道天主是無限的美善、大能。我唸日課的時候，很喜歡一句話：卑微人一呼號，上主立即俯允（詠34：7）。口禱的人有這一句話，是個很大的鼓勵，他求天主時，天主立刻俯允。口禱帶給人的恩寵，就是使一個人能夠卑微。

口禱帶給我們的是超性的性命，是我們的信德，愈用心唸口禱，跟天主講話的人，這個人的信德一定會加強。信德愈來愈強時，靈魂很快會明白天主要什麼、對他的旨意是什麼。一旦知道天主的旨意是什麼，他對事情的看法就是天主的看法；通過信德，他跟天主的看法很相近，甚至是同一個。口禱的可貴就在這裡。

有很多人認為口禱是最低級的祈禱，我不認為如此，若不從口禱出發，走不到天主那裡去。口禱是卑微的，我們跟天主喃喃講心裡的話，慢慢地，我們的話愈來愈少，可是愈來愈強、愈來愈真，天主真的會聽到。

心禱

心禱，即所謂的默想，是靠天主的吸引。一個人開始體驗到天主的吸引，願意跟天主有更深的交往時，就用自己的話跟天主講話，不論講心裡的事也好，講個人的困難或問題也好，漸漸跟天主建立起密切的關係時，靈魂就開始對天主很自在了。

心禱的時候，的確要看一點書，但會母說，不要拿很深的書，而要拿你比較熟悉的，很能引領你的書，比如說師主篇、福音都好，看一兩行，可能就吸引你的心，去想天主了。這樣的話，祈禱比較單純，但是很深入。

我們看聖書時，看到「神貧的人是有福的」這句話，我們就慢慢想，為什麼神貧的人有福呢？享的福是什麼呢？我們在思想裡琢磨這個事情，有一天可能就慢慢明白，神貧的人享有的是哪種福，為什麼有福，但我們靈魂上還沒有這個體驗。心禱不是腦袋裡面知道，靈魂一定是也體驗了。耶穌不但講了真福八端，在福音裡也講了愛仇人、為你愛的人犧牲性命、棄絕自己背起十字架，要怎麼做呢？心禱就是針對這個。

會父聖十字若望說：加爾默羅會的祈禱，所重視的是愛，而不是知識。愛會產生一種知識。會父和會母說，從心禱來的知識裡，我們取得的是愛，而不是知識，這是最重要的。祈禱的時候，最重要的是要看你的心在哪裡。如果要在祈禱、心禱這方面有所進步，不要看你所想、所做的是什麼，而是要看你的德行在哪裡。你要愛得多，才修得來德行。為什麼你要幫助人呢？就是因為你愛他。愛愈旺盛，祈禱愈會發展。到了這階段，心禱時很容易影響我們心的一個真福，就是飢渴慕義。因為一個人愈靠近天主，對聖德的心愈是旺盛，而且會很深的體驗到天主的恩寵才是最重要的。

過去我們有一位神師翁德昭神父，他常常提醒我：加爾默羅會的修女普遍說來有個缺點，就是非常喜歡跳班，還不及格就跑了。因為人們常講我們是默觀的隱修會，所以好像應當常常在默觀的境界裡，如果自己還不在默觀的境界裡，就覺得丟臉。翁神父說：這是錯誤的。開始時我很不喜歡聽這話，但後來慢慢了解神父說的有道理。

不管是什麼修會，在神修的道路上都要按部就班來。我是一個很急躁的人，感官很強烈的人，天主要淨化我的五官，哪有那麼容易。天主用心禱來慢慢改造我們，這是很難的事，有的人十年、二十年停留在心禱的階段，進不了默觀，理由是天主要慢慢地、完全地改造他。

心禱的目的是使我們從本性進入超性，這很不容易。但是在超性化的時候，如果只有祈禱起變化，日常生活卻不起變化，這就是假的，因為我們的祈禱和生活不能分開，就像身體和靈魂不能分開一樣。如果靈魂起了變化，生活卻不起變化，這是不合理的事情。

具體來說，如果你看到一個人在聖堂裡祈禱非常熱心，談吐時也能講天主的道理，可是跟人一交往，不是發脾氣，就是批評人，那他的祈禱和他所講的都是假的；如果一個人不講什麼，但是跟別人交往時，非常謙虛，非常柔順，這個人即使不講話，你也知道他的靈魂很實在、很踏實。這是我們在心禱的階段裡，天主要我們注意的一點：靈魂和日常生活，也就是神修和生活是一起走的，一個起變化，另一個也起變化；一個活躍起來，另一個也活躍起來。所以要常辨別自己的神修是真實的還是虛偽的。

心禱的目的是愈來愈認識真正的天主，不但認識天主，還要誠心誠意地承行祂的旨意。天主的旨意為我們是什麼呢？是成聖。成聖就是像聖保祿說的，有天主的心思、天主的心懷，真正進入耶穌，能夠跟祂有同樣心思，同樣心懷的人，是真正的聖人。「基督化」不是「做」什麼，而是「是」什麼，我認為基督化是從自己的內在變化自己，不是改變別人，而是改變自己，這才能使我們基督化，自己變成什麼才是重要的。

心禱的人，慢慢的經過自己的努力，天主使我們真正往認識天主的路上走，天主開始用祂的福音、祂的教導，用祂所說的話，使我們的心刻上了耶穌基督活生生的形象。那時候就達到了心禱的目的，即我們心裡刻上了基督的肖像時，會發現自己是那麼不行，那麼不好，那麼貧窮，有了這樣的感受，就是心禱階段快要結束了，並感覺自己走了這麼多路，卻沒有走到那裡去。天主需要我們的謙虛，需要我們認清自己的真相。這時天主帶給我們的是望德，就是真心認識我的無能、無有，全心信賴天主的大能，這種依賴的心，是心禱所要達到的。

默觀

聖十字若望說，要知道人是否進入了初步的默觀，有三個記號：第一是乾枯時，天主不給安慰，世上的東西也不給他安慰。第二個記號就是，靈魂一想到天主，更加深痛苦，因為會覺得自己怎麼不愛天主了呢？那麼自己也當不起天主愛他，所以記憶裡充滿了痛苦。第三個記號是不會默想了，無論怎麼拚命的默想，拚命看聖書、看聖經，都沒有什麼心得。如果長期不能默想，就是天主給他的記號，要帶領他進入默觀的境界裡面去了。這三個記號都沒有給靈魂一點安慰，反而造成很大的痛苦。認識這痛苦，即是默觀祈禱的開始，但這三個記號要同時發生。

天主開始灌輸給靈魂的，對天主臨在的特殊意識。雖然看不見、摸不到，但確知天主在，然而無法說明祂怎麼在。這時候靈魂的信德變得很堅強、很活潑。天主使一個人本性的力量喪弱時，超性的力量開始活躍起來，會母說，這時人快要到了意志的結合階段，即靈魂跟天主的意志結合，這時天主開始讓他收心。

很多人有這樣的經驗，比如在種菜、掃地、做家事，突然間好像周圍的東西都不見了，不進入你的意識中，只覺得天主的臨在充滿了一切，在這臨在中自己也不見了。這就是會母所說的「灌輸的收心」，如果常常有這樣的經驗，可能就是進入了收心的祈禱，或叫單純的祈禱。即默觀的開始。

在這祈禱中，靈魂的意志安息在天主的平安和臨在中，但理智會閒遊浪蕩，默觀還在初步時，在祈禱時，意志和理智還不能一同進行，理智產生的分心是人性自然的狀況。會母非常注重意志的結合，她甚至說，我唯一在乎的就是我的意志跟天主的意志合一。雖然意志的結合還不是全部靈魂的結合；耶穌在天主經裡面說：願祢的旨意奉行在地上，如同在天上，耶穌這麼注重我們的意志和天主的意志結合，所以會母也非常注重這一點，她認為聖德就是從這裡來的，亦即從不違背天主的旨意，祂要怎麼樣就怎麼樣。即使祂的旨意給我們很大的痛苦，即使要我們的命，我們還是遵從。

意志的結合有幾個特徵，幾個恩寵。靈魂進入意志的結合時，他內心知道天主在我內，我在天主內，天主是愛，天主進到靈魂裡面去了。靈魂與天主密切的接觸所產生的果實是：大量的天主的愛流入心中，使天主佔有這靈魂。第二個恩寵就是靈魂突然間有一股力量，超脫世上的一切。名譽地位都佔據不了他。記得我在初學院時，院長姆姆講了一句話，我到現在還記得，她說一個靈魂看到天主的美，世上的一切都會不見了。第三個恩寵則是天主灌輸的愛，征服了靈魂的意志。天主灌輸的愛那麼強，靈魂的意志不得不順從天主，意志的結合就是在這裡。不是自己的努力，是天主的恩賜。

意志的結合愈強，天主灌輸的愛愈強，結出來的果實也愈豐碩。意志的結合在靈魂裡也會起很大的變化，這個變化是靈魂對近人會有很大很深的愛，她會愛近人，她對所有人的愛，是耶穌灌進去的愛。有了這愛，會使人對靈魂的得救有很深的關心，這靈魂也會開始愛上教會，她會為教會付出所有的代價，對使徒工作的熱忱從這裡開始。

天主把祂的所有，把祂自己傾注到靈魂裡面去了，可是靈魂太小了，沒有能力接受這麼大的給予，在這階段即靈魂的黑夜，天主主要的活動是讓靈魂被動的接受愛的發展。黑夜是在靈魂最深處發生的善和惡的戰鬥，為什麼有黑夜呢？天主進入靈魂時，遇見兩個障礙，一個是靈魂的污穢，有原罪，有本罪，另一個是靈魂配不上天主，靈魂太卑微太無力。記得約伯嗎？一點一點的，約伯財產沒了，孩子也沒了，自己滿身的大病，約伯沒有怪天主的不對，可是約伯抱怨，他說我沒有什麼罪，為什麼這個東西降在我身上呢？靈魂也會有這樣的現象，他也說，天主我不懂祢為什麼這樣對待我？這是靈魂的抱怨。但天主不管抱怨不抱怨，一開始工作，就要做到底，開始淨化的時候，就淨化到底，所以很痛。

心靈的黑夜只有一個原因：天主要淨化罪的根，犯罪的根往往是因為驕傲，例如為什麼嫉妒別人。天主把這個根挪開，切掉它，為的是能夠治癒靈魂。

天主常常用人和事當作工具，來淨化他所選的人。日常生活上，心靈的黑夜是來自別人，比如別人反對我，或是病痛、別人的誤解等等，這些事情發生的目的，不是要我們看別人的不好，是要我們看自己的內心，你內心的軟弱會暴露出來，這就是你的黑夜了。然後會發現，自己不但在別人眼裡不可愛，在天主眼裡也不可愛，這就是你的黑夜。因此時使靈魂最痛苦的事是得罪天主。

黑夜的目的是毀滅罪根，使人基督化，使我們死於自我，活於基督。每天的生活裡一定有很多的打擊，如果能一步一步越過自己，超越自己，天主一定會淨化我們，達到祂的目的。當你的意志成為天主的意志，你的理智成為天主的理智，你的記憶成為天主的記憶，有這麼深的結合時，你一定跟耶穌走一樣的路。什麼時候人們成為真正神修的人，是當他們成為天主的奴隸，在他們身上烙上十字架的記號，表示把自由全部給了天主，從那時起，天主可以把他們當作奴隸，賣給全世界，如同耶穌被賣掉一樣。一個人跟天主完全結合的時候，他的命運就是這個命運。這是到了心靈城堡第七住所時的恩寵。

達到這階段的靈魂，已到了「合路」，它的特徵是愛德，即是與耶穌密切結合，與祂有同樣的命運，這是純愛的結合。這時這靈魂享有的真福是：心地

她孤居獨處，孤寂縈繞已築窩巢；孤寂中惟有愛人獨自引導。

純潔的人、締造和平的人、和為義而受迫害的人的真福氣。經過黑夜淨化，人的靈魂已成了透明的，在任何人，在任何事上，他都能看到天主。面對任何人或走到任何環境中，他都能製造和平，因為他的心靈充滿和平。而這人所渴望得到的賞報，就是能與他所心愛的那一位，同被釘在十字架上，為愛而捨命。

禱文

天主經

我們的天父，
願祢的名受顯揚；
願祢的國來臨：
願祢的旨意奉行在人間，如同在天上。
求祢今天賞給我們日用的食糧；
求祢寬恕我們的罪過，
如同我們寬恕別人一樣；
不要讓我們陷於誘惑；但救我們免於兇惡。

天主保佑
INRI

聖母經

萬福瑪利亞，
祢充滿聖寵！
主與祢同在。
祢在婦女中受讚頌，祢的親子耶穌同受讚頌。
天主聖母瑪利亞，
求祢現在和我們臨終時，
為我們罪人祈求天主。

註：「玫瑰經」主要由天主經、聖母經組成。玫瑰經二十端經，與聖母一同默觀耶穌基督的誕生、生活、死亡與復活的逾越奧蹟。〈玫瑰經〉在人的任何需要中能成為光明、力量和安慰，因為透過玫瑰經，人不只是找到，而是幾乎能握住聖母的手，帶領我們到耶穌那裡。聖母最認識耶穌，最愛祂，最了解耶穌的心意。聖母用玫瑰經教導、帶領我們在耶穌的奧蹟中與祂相遇。藉此明瞭天主對我們的旨意中所包含的無限慈愛。

在天主的手裡

聖女大德蘭

至高無上的至尊陛下，永恆的智慧，寬仁善待我的靈魂；崇高卓絕、獨一無二、仁厚善良的天主，請看至極卑劣的這位，向祢詠唱她的愛：祢要命令我什麼？

我是祢的，因為祢造生了我，我是祢的，因為祢救贖了我，我是祢的，因為祢忍受了我，我是祢的，因為祢召喚了我，我是祢的，因為祢等待了我，我是祢的，因為我沒有喪亡：祢要命令我什麼？

那麼，善良的上主，祢要命令什麼？這麼卑劣的受造物要做什麼？給這位罪奴做的是什麼工作？看著我，我甜蜜的愛，甜蜜的愛，請看著我：祢要命令我什麼？

祢看，我把我的心、我的身體、我的生命和靈魂、我的五內和愛情，放在祢的手掌上，甜蜜的淨配和救贖主，我奉獻自己給祢：祢要命令我什麼？

我是祢的，我為祢而生，祢要命令我什麼？

棄絕自己於主禱文

聖十字若望

吾主，我相信祢的無限良善。
不單對待普世，並特對待我這可憐僕人，
賜與我一切最好的恩惠——
甚至我所未見、我所不懂、我所不覺的。
我信，我的所在和所遇，都是出自祢慈父之愛。
在祢以外，我別無所求。
我將自己託付在祢手中，任祢聖意所喜，
但求賜我服從祢命之慰。

以愛還愛

聖三保拉姆姆

天主，求祢讓我時時處處都能找到祢，
找到祢而能思念祢，
思念祢而能愛慕祢，
愛慕祢而能感謝祢，
感謝祢而能不斷地讚美祢，
不斷地讚美祢，而願終身悅樂祢。
主啊！其實我兩手空空，一無所有，
唯一祢留在我心底的，
是一顆永不安息的熱烈渴望，
以愛還愛，愛祢致死。

榮福聖三禱文

真福聖三麗沙

吁！我的天主，我所崇拜的聖三，請幫助我徹底忘記自己，使我能定居在祢內，那樣的穩定與安寧，彷彿我的靈魂已在永恒裡。不要讓任何事物擾亂我的平安，或使我離開祢。吁！永恒不變的主！但願我能分分秒秒深入祢那奧祕的深淵裡。請安撫我的靈魂，使之成為祢的天堂、祢心愛的居所、祢安息的地方。願我永不留下祢獨自空守，惟願我全心全意長相陪伴，願我懷著完全醒寤的信德，全神地朝拜欽崇，毫無保留地順從祢的創造行動。

吁！我心愛的基督，為愛被釘的基督，我願是祢聖心的淨配，我願以光榮遮蔽祢，我願愛祢……至死不渝！但是，我自覺軟弱無能，求祢給我「穿上祢自己」，使我能與祢靈魂的動向同化為一。請浸沒我，充滿我，以祢取代我，使我的生命只是祢生命放射的光明，請進入我內，有如朝拜者、賠補者和拯救者。

吁！永恒聖言，我天主的聖言，我願耗盡一生聆聽祢，我願全心接受教導，事事向祢學習。在經歷一切的黑夜、一切的空虛、一切的軟弱時，我願經常凝視著祢，居住在祢偉大的光明裡。吁！我所愛的星星，請使我深深著迷，不再遠離祢的光明。

吁！灼燃的火焰，愛的聖神，「請降臨於我」，在我的靈魂內使聖言再度降生，使我成為祂的另一個人性，重現祂的整個奧蹟。

吁！天主聖父！俯就祢可憐的小受造物，「以祢的影子蔭庇她」，只在她身上看見「祢所喜悅的愛子」。

吁！我的聖三，我的一切，我的真福，無垠的獨居，無際的浩瀚，我消失於其中，我將自己有如祢的俘虜交付給祢。願祢隱藏在我內，好使我也隱藏在祢內，直到我揮別今世，在祢的光明中默觀祢無限深奧的偉大。

日記

靜默十二級

內修生活端在於這一句話：靜默！靜默預備將要成聖的人，靜默領他們開始踏上聖德之路；靜默護守他們走在正確的道路上，使他們完成聖化工作的也是靜默。

永恒的聖父只說過一句話：聖言。同樣，我們該渴望所說的每句話都直接或間接地顯示耶穌。靜默！多麼美的詞語！

第一級：少對受造物說話，多和天主談心

這是第一步，是在靜默的孤寂道路上不可或缺的。在這個學校裡，所教導的是達到神性結合的因素。就是在這裡，靈魂學習並加深這個德行，以福音的精神，以她所奉行的會規精神，尊敬已被祝聖的地方和人。而最重要的，口舌時常憩息在聖言內，聖父的聖言，降生成人的聖言！對這個世界靜默，對新聞靜默，甚至對至義的靈魂靜默：天使的聲音使瑪利亞驚惶……。

第二級：工作靜默，所有的動作靜默

舉止行動的靜默；眼睛、耳朵、聲音的靜默；整個外表的靜默，預備靈魂和天主結合。這些初步的努力使靈魂堪當聽到天主的聲音。這些初步努力所得到的賞報是如何豐富！祂召叫靈魂進入曠野，為什麼在第二階段中，靈魂要避開所有的分心，正是為此理由；她避開吵鬧，獨自逃離，逃到獨一者天主那裡。在那裡，靈魂會嘗到神性結合的甜蜜，會滿足天主對她的妒愛。這是收心的靜默，或靜默的收心。

第三級：想像的靜默

在淨配花園緊閉的門戶前，最先來敲門的是想像這個官能；而與它同來的有情緒、模糊的印象、悲傷。不過處在這個退隱的地方，靈魂會向她深愛的主證明她的愛。靈魂會在這個無法被滅絕的官能前，展現天堂的美麗、主耶穌的可愛、加耳瓦略的情景、天主的完美。那時，靈魂會安息在靜默中，會成為天主聖愛的靜默僕人。

第四級：記憶的靜默

對於過去的事靜默——忘記。必須使這個官能充滿對天主仁慈的回憶。這是在靜默中表達的感激；這是感恩的靜默。

第五級：對受造物靜默

我們的墮落光景多麼堪憐！靈魂時常留意到自己，發現她正在自己內和受造物交談，且代他們回答。啊！這個羞愧事教聖人們深感痛苦！在那樣的時候，靈魂應該迅速地退隱，躲在那隱藏之地的最深處，諸聖之聖，不可接近的至尊陛下正憩息在那裡。在那裡，耶穌——她的安慰者，她的天主——會親自顯示給她，向她透露自己的祕密，並且讓她嘗到未來的榮福。那時，天主會賜給靈魂一個恩惠，使她對所有不是天主的事物深感厭惡。那麼，世上的事物會漸漸不再使她分心。

第六級：心的靜默

如果口舌緘默，如果感官寧靜，如果想像、記憶和受造物都靜默，給予靈魂表面上極大的寧靜和獨居，在淨配的靈魂深處，卻仍可能有雜音在心中。喜愛、反感上的靜默；過分熱烈渴望上的靜默；輕率熱心上的靜默，任何誇張熱情上的靜默，甚至對我們的嘆息靜默！在興高采烈中愛的靜默！因那種愛不是指來自天主的神聖歡欣，而是指從本性來的雀躍。

愛的靜默就是在靜默內愛——這是在天主面前的靜默，在最美麗者，美善者，最完美者面前靜默！毫無拘束，沒有絲毫勉強的靜默。這個靜默不會有損溫柔，減少愛的力量；就像承認我們的過錯不會損害謙虛的靜默，就像先知所說的，天使拍動翅膀的聲音，不會損及他們服從的靜默；就像承諾（Fiat）不會擾亂革責瑪尼的靜默；就像永恒不絕的「聖哉！」不會破壞愛品天使的靜默。

一顆在靜默中的心是童貞的心，是獻給天主聖心的悅耳音樂。至聖所的燈靜靜地燃燒著，無聲無響，在聖體龕前，乳香在靜默中升起，上達天主的寶座前：此即愛的靜默！前述的靜默等級中，靜默仍是塵世的呻吟，在此等級，由於靈魂的純潔，她開始洞悉神聖詩歌的第一個音符。這是天堂的歌曲。

第七級：本性的靜默，自愛的靜默

在看到人的罪過，人的無能時靜默。靜默的靈魂歡欣於她的軟弱；對讚美，對人的尊敬靜默；面對誤解，面對偏愛時靜默，對低聲怨語靜默：這是溫良和謙虛的靜默。

在喜樂和愉悅面前本性的靜默。花朵在靜默中開放，在靜默中，散發芬芳讚美它的造主：內修的靈魂應該如同花朵般地行動。

在痛苦和衝突中本性的靜默；在守齋、守夜、疲累、冷和熱中靜默；在健康、疾病、及空乏一切所有中靜默：此即真神貧和懺悔的動人靜默，這是死於所有人和受造物的可愛靜默，這是人從自我達到天主聖意的靜默。本性的騷動不能妨害這個靜默，因為它超越本性之上。

第八級：心智的靜默

要使無用的思想，稱心如意的思想，本性的思想都靜默；這些全是擾亂心智的因素，而非只是思想本身，思想是不能不存在的。我們的心智渴望真理，我們給的卻不是真理！然而本質的真理是天主！天主滿足於祂的神性理智，但祂卻無法滿足人的可憐理智！持續不變，且直接地默觀天主，在此虛弱的肉身內是不可能的，但是在心智修持上的靜默，就是在信德內，滿足於天主的隱晦光明。

對於微妙的推理靜默，因為這些推理使意志不振，愛情枯萎。在意願上靜默：純潔、單純；在個人的研究上靜默，在默想時，對好奇心靜默；心禱時，對官能作用靜默，因為它們只會阻礙天主的工作；對驕傲靜默，驕傲在一切事上，時時處處尋求自我。此乃神聖單純的靜默，完全被掠奪，率直的靜默。一個與敵人抗戰的靈魂，有如不斷注視天主聖容的天使。正是經常處於靜默中的這個認識，使我們的主甚至提拔靈魂到祂那裡。

第九級：判斷的靜默

對人靜默，對事靜默。不要判斷，不要發表你的高見。如果毫不違反明智和愛德，這樣的修持表示具有單純的精神。這是榮福聖嬰的靜默，是成全者的靜默；這是天使和總領天使執行天主命令時的靜默。這是降生聖言的靜默！

第十級：意志的靜默

對命令靜默，對會規的神聖法律靜默，這可以說只是一個人意志的外在靜默。我們的主教導我們一些更深、更難的事：在主人的擊打下，奴隸的靜默。然而，那擁有天主為主人的奴隸何其有福！這是祭台上祭品的靜默，這是被剪毛之羔羊的靜默；這是籠罩在黑暗中的靜默，克制自己不尋求光明的靜默，至少不尋求那種帶來快樂的光明。

這是內心憂苦時的靜默；靈魂處於痛苦時的靜默；這是蒙恩靈魂的靜默，這靈魂曾接受天主的寵惠，如今卻感到被天主拒絕，現在連問為什麼，或要等多久，都說不出口。這是被捨棄時的靜默；在天主嚴厲聖容下的靜默，在祂神性雙手重壓下的靜默；充滿愛，毫無怨尤的靜默。這是被釘十字架上的靜默；這靜默比殉道者的靜默更深，是耶穌基督臨終前極苦的靜默。

是的，這個靜默是祂的神性靜默，其聲音是無可比擬的；什麼都不能抗拒它的請求；沒有什麼比得上這種痛苦中的頌揚，這種壓榨下的順服（fiat），更堪當天主的俯聽；也沒有什麼比得上這死亡之舉的靜默！

當意志是謙虛和自由的，成為愛的真正全燔祭，為了天主的光榮而被粉碎和摧毀時，天主會神化它成為祂的意志。那時它的成全還有什麼缺乏嗎？為了達到結合，還需要什麼嗎？在這靈魂內，還缺少什麼基督的全德嗎？兩件事：第一是人存有的最後嘆息；第二是惟有對這心愛主的注視，祂的神性親吻是無可言喻的回報。

第十一級：對自己靜默

不要在內裡和自己說話，不要聆聽自己，不要對自己抱怨，不要安慰自己。總之，對自己守靜默；忘記你自己；讓你自己孤單一人，完全孤獨地和天主在一起；逃離自己，和自己分離。這是最困難的靜默，然而，卻是你和天主結合的真髓，是可憐受造物可能達到的完美境界，由於恩寵的助祐，人往往可以達到這個地步，不過，如果止步於此，不明瞭其處境，仍是無法修持這個靜默。這是個空無所有的靜默，比死亡的靜默還英勇。

第十二級：對天主靜默

開始起步時，天主對靈魂說：「少和受造物說話，多和我談心。」現在，祂對靈魂說：「不要說什麼了。」對天主靜默就是依戀天主，侍立在祂面前，完全敞露你的真相，奉獻你自己給祂，在祂面前滅絕自我，朝拜祂，愛祂，聆聽祂，瞭解祂，在祂內憩息。這是永恒的靜默；這是靈魂和天主的結合。

加爾默羅會隱修女 耶穌．瑪利愛梅（1839-1874）

附錄

附錄

蔣夫人來訪

當我們尚在西門街的隱院時，有一年過春節，蔣宋美齡夫人派人送來一大罐純中國式的各種糖果，和一本英文書 *The Sure Victory*——即夫人的名著。從那時開始，德蘭姆姆和夫人間常有信件的往來，漸漸建立起密切的友誼。每逢聖誕節和復活節，夫人會請她的隨從送滿滿一車的禮物到隱院，並附上夫人的信解釋每一樣禮品。其中必包括夫人命她的廚師特地為我們燒的名菜和點心，及夫人的花園裡種的各種盆景和花卉。

雖然夫人對我們異常親切，我們萬萬沒有想到有一天她會親來探望隱院。遷移中正路數年後，二月裡的一天，午餐剛結束，尚未開始散心，警察局差人報信，蔣夫人已在路上，再過半小時抵達隱院！此時隱院外圍已站了許多警察看守，還有不少工人打掃馬路，並在水溝旁拔草，清理環境。為了要歡迎總統夫人進入禁地，由於不曾有過這樣的經驗，我們忙亂成一團。

事實上，我們完全不需要如此緊張，因為夫人非常隨和自在。當夫人的隨從站在一旁有意陪同夫人進入禁地時，夫人輕聲告知：「這是隱修院，你不能進去，請在外邊等我。」之後，握住德蘭姆姆的手微笑著說：「希望我沒有打擾您們」，態度非常溫和親切。

轉箱處轉進來許多夫人帶來的禮物，修女們一一搬到散心室，因為太多，桌子上沒有地方，只好放在地板上，我們就坐在地上欣賞。夫人和院長姆姆坐在椅子上，觀看圍繞在她身旁的我們像孩童一般喜樂歡欣。夫人從禮物中取出一本美麗的畫冊，展示給姆姆說：「這是我畫的，」然後翻到第一頁，稍微帶驕傲的語氣小聲告訴姆姆：「這是總統為我題的字。」臨走時，和藹可親的夫人問了姆姆：「按照修院的規矩，我可不可以給修女們一天散心日？」我們驚喜地歡呼起來，並心裡納悶，夫人怎麼如此清楚我們的習俗？

第二次夫人來訪是一九六七年九月的一個下午，三點多鐘，同樣警察局差人通知。這次夫人陪總統到大溪渡假，回官邸前特地來探望隱院。夫人準備了茶點，並請廚師燒了一桌晚餐的菜飯，連鍋帶來，還吩咐我們一定要當天享用，真如慈母般關愛我們。夫人和我們一起用茶點時，注意每一位修女，請這一位吃這種點心，那一位添茶，另一位多拿一塊，輪流親切地招待每一位，而好似完全沒有意識到自己。

夫人給我們留下很深的印象。不只是她的優雅氣質，她顯然的博學和聰慧，更是她心靈的深度涵養和靈修的極致。能有這樣的一位總統夫人，真是國家的榮幸和國民的福氣。

二十年後，當她再度進入隱院探望我們時，已年近九十，這是夫人最後一次的來訪。進入隱院禁地門時，她仍如往昔，示意要遣走身邊的醫護隨從，但院長姆姆扶著她的手，輕聲地對她說：「夫人已年邁，需專人隨侍身旁，請不要遣走他們。」夫人含笑點頭。

散心室裡堆了許多禮物，我們和夫人開心地團聚，許多年輕的初學修女圍繞她身旁，席地而坐，她慈祥親切，和我們閒談。她的國語不是很好，帶有上海腔，就這樣，時而英語，時而上海腔的國語，我們笑談成一片。還記得，她問我們想得到什麼禮物時，幾位小修女齊聲說：「夫人的照片！我們要放在經本裡，常為您祈禱。」過後不久，夫人果然送我們每人一張她的近照，大小正合適讓我們夾在日課經本裡。

夫人此行主要目的想必是悼念好友德蘭姆姆，我們陪同夫人到修院內的墓園，她默立在姆姆墓碑前。二十多年來彼此書信往返，她們之間有著深厚的靈性友誼。二〇〇三年，夫人以一百零六高齡安逝於美國，誠如周聯華牧師所說的，夫人是永遠的第一夫人中的第一夫人。

一九六七年蔣夫人、杜寶晉主教和修女們合影。

自從一九六〇到一九八一年，夫人和德蘭姆姆書信往返，彼此的友誼非常深。限於篇幅，僅在此登錄夫人寫給德蘭姆姆的第一和最後一封信。從這兩封短短的信函中，不難覺察夫人的高貴、平易近人、深度的謙虛和靈修涵養。我們只是個貧窮的修會團體，一些完全隱沒遁世的修女，夫人獨具超俗的慧眼，只在一次會面之後，即能看到天主的臨在，心生嚮往之情。我們深深感念夫人在世時對我們的誠摯關愛，欣然在此紀念建院六十週年之際，譯出她的兩封書信，以饗修院的恩友。

親愛的德蘭姆姆：

我從南部回來後，隔天就收到來函，非常謝謝您的聖女大德蘭書籤及其中文翻譯，實在好極了。

請您不要為了拜訪貴院時沒有招待我茶水而過意不去，因為我真的不需要。事實上，我的副官在歸途中問我，是否想要點水果時，我拒絕了。

不只您和修女們沉浸於回想我們的相聚，我也是。在回家的途中，而且從那時起，我常常想起您們。回家的路上，我有個很特別的感受。我感到拜訪您們使我記起了些什麼。究竟是什麼呢？的確，在這之前，我不曾見過您和修女們，過去我也不曾拜訪過加爾默羅隱修院。然而，對這整個情景，我的腦海中不斷浮現一些蠻熟悉的東西。

突然間，我覺悟出自己腦海中所探索的。由於和您及修女們在一起時，看到您們面容的寧靜光輝，使我想起丁尼生的詩句，他敘述騎士們圍坐圓桌，亞瑟國王出現在他們當中時說：我逐一注視著騎士團每位的眼睛，閃耀著剎時相似國王的光輝。

在這裡，我悟出其中的妙理。由於您們的生活如此親近天主，因而分享了祂的美善和精神，外表的光輝是內在平安的反映，而這內在的平安是超越人所能理解的。

謝謝您們親切熱情的招待，容許我進入隱修院和您們同在一起。此次的拜訪將是我永難忘懷的。看到您們有隻小狗（我能看出來修女們多麼疼愛牠），這使我明白，您們不只愛天主愛人，也愛天主的所有受造物。我也喜愛動物。事實上，我有兩隻狗，一隻是德國牧羊犬，名叫 Baron〔譯註：意思是男爵〕（隨信附上牠的一張快照）。另一隻是黃白混雜的小狗，不像 Baron 那麼美，可是卻很逗趣，加上具有迷人的性情，反而博得更多寵愛，我恐怕有點寵壞牠了。

隨函送了些物品給您和修女們，但願您們悅納，或許能給您們添加一些菜色。來自我花園中的花，是要給經堂的。

再者，我還想提一件事，我的生日今年是陽曆三月九日，如果可以的話，我能否請求您在這一天給修女們作散心日？

請把我溫情的問候轉達給全體修女。

蔣宋美齡

一九六〇年二月二十九日

我親愛的德蘭姆姆：

收到您的聖誕祝福真的令我欣喜，因為已有很長的一段時間，我們沒能直接魚雁往返，雖然保拉修女極忠實地讓我獲知您病情的進展。我極感寬慰，知道您那痛苦不堪的三叉神經痛已有了改善，然而我仍感到無法全然放心，不掛念著您的健康。現在我得到您以美麗而堅定的筆跡親自寫來的信函，我更是備感喜悅。

從您而來的信息如此可靠地顯示出，惟有經過不斷的獻身和修行的犧牲，方能達到您所擁有的內在靈修境界。翻騰混亂和暴力，現在幾乎完全瀰漫在世界如此之多的地方，處在這樣的世局中，您的芳表是信德和望德的閃亮火花。

您請求我為您祈禱。我向您保證，親愛的德蘭姆姆，我經常在祈禱中記憶您，可是——這是一個很大的「可是」，除了祈求時懷有同樣的誠摯外，我的祈禱怎能和您的相比呢？有時我會感到困擾，因為我的祈禱如同靈修領域中初學者的微弱奮鬥，然而您的則是獻身於不斷在偉大不可見的天主面前修行者的熱誠流露。您的祈禱確實是義人的祈禱，更有效益。雖然如此，我相信，我們的主傾聽罪人和聖人的祈禱，因此，我將繼續祈求天主賜給您恩寵，靈性的恩寵，以及康泰的身體，免於痛苦。

這一年來，我身體的情況不是很好。全年裡不斷生病，而且有兩次住院。整個十二月我得了曼谷流行性感冒。我尚未完全康復，因為各科的醫師仍關注著我，不過我希望到了一九八一年會好得多。

謝謝您隨信寄來的 Jessica Powers 的詩集和艾笛．思坦的祈禱。最要緊的，我要謝謝您寫信給我，以及您的祈禱，和您親愛的孩子——新竹加爾默羅隱院內修女們——的祈禱，我以深情懷想她們。

恭賀新禧

蔣宋美齡　敬上

一九八一年一月三十一日

譯者註：Jessica Powers 是美國近代詩人，後來進入加爾默羅隱修會，取會名為 Sr. Miriam of the Holy Spirit，是德蘭姆姆的好友。

附錄

一個隱修女的終身誓願

作家 夏瑞紅

按世俗說法（其實也是天主教說法），上星期六下午，我是去參加了一場「婚禮」，一場在教堂舉行、賓客數百人的盛大婚禮，草坪上還架了十部電視，為擠不進教堂的親友做現場立即轉播。

只不過，「新娘」是一位修女，她的「淨配」是天主基督。

按天主教的說法（其實也是世俗說法），這叫「誓發終身聖願彌撒及授紗典禮」。這一天，有位修女要在眾親朋教友的見證下，正式加入「加爾默羅聖衣會隱修院」，成為終身與世隔絕的隱修女。

修行方式一直維持古老的傳統

很多人聽說過，天主教自古以來就有一支採取完全遁世隱居的修會，但不知道台灣也有隱修院，主院在新竹芎林，分院在台北深坑，總計隱修女約五十名左右，這支修會名為「加爾默羅聖衣會」。

加爾默羅是以色列的一座高山，在聖經上一直被稱作上主降福之所，也是先知時代苦修祈禱之地。先知厄里亞就曾長居此地，因此又名「厄里亞山」，據說他曾在這山上與四百五十個假先知對質辯論。耶穌降生後，先知的弟子們散至各地成立加爾默羅隱修院，修行方式一直維持古老的傳統：靜默、祈禱、隱居和勞動工作。該會自十字軍東征後，吸引一批熱心的軍人加入，才有了具體文獻，一二一〇年開始有正式會規。

「聖衣」是什麼呢？該會相信，西元一二五一年七月十六日，英國隱修院院長聖西滿思鐸神父和各會士因日夕熱切祈禱，獲見「聖母顯靈」，頒授棕色聖衣（連身長背心），並許諾：「凡佩戴而孝愛聖母的人，能得到善終，死後在煉獄，聖母也要迅速救他升天堂。」以後該會便稱聖衣會。此聖母顯靈日，便成該會每年的重要慶祝紀念日。

聖衣會的信徒在望彌撒時，會在白袍禮服外，再罩一件棕色背心長袍，平日也會佩戴「聖衣項鍊」──台灣以棉線製作，兩端各繫一片塑膠材質的棕色方形墜子，掛起來正好一片在前胸，一片在後背，象徵穿著聖衣，能得聖母隨身守護，阻隔邪魔。（意思跟台灣民間信仰的戴「香火」、平安符差不多。）

授受物品全靠一個木製半圓型轉箱

聖衣會男女修會各自分開獨立。目前全球七十六個國家有男隱修會，神父近三千名；九十六個國家有女隱修會，隱修院八百七十座，隱修女約一萬三千名。

聖衣會的神父可與外界接觸、傳福音，修女則一入會後，除重大疾病不得不外出就醫等等特殊狀況外，完全禁足，也不與外界直接見面接觸，終身老死於隱修院內。

如何能「不與外界直接見面接觸」呢？

我曾拜訪過深坑隱修院，也曾在芎林隱修院客房小住，看到修女們授受物品全靠一個木製半圓型轉箱，也就是說，把物品放在箱內轉進去、或轉出來，彼此可簡單對話，但不打照面。

修女在假日望彌撒後，也會輪流聆聽教友的傾訴，但一樣隔著柵欄簾幕，偶而她們會開放見面會客，但會客室仍然以密格柵欄分開兩邊。按一般印象，最白最簡單的說法可能就是「跟監獄一樣」。

民國三十八年，共產黨進佔揚州，逮捕了一批神父，把他們關進監獄，這座監獄到現在還是揚州市監獄，只是大陸人可能不知道，那正是美籍聖衣會神父們自己費心建造的揚州隱修院，牆高二十呎，本意就在遺世獨立。

靈山天籟般的歌聲簡直能淨化空氣

然而，遺世獨立的隱修女，並不是一般人想當然耳那樣肅穆冷淡、遙不可及。我曾參加隱修女們的「散心時間」，修女們不管是七、八十歲還是二十七、八歲的，看起來都像小女孩一樣轉著清亮的眼睛，愛玩又愛笑。她們吱吱喳喳問我好多問題，非常自在，也非常幽默。那情況讓我不禁記起小時候學校遠足到關子嶺、一群同學坐在大樹下吃午餐的美好光景。

所謂「散心時間」指的是，她們平時完全禁語、勞作自修，到晚餐後才有大約半小時共聚一堂，各自談談生活、讀經的心得或疑問，或聆聽院長姆姆的訓勉。但她們邊坐著聊天，還得兜個小籃小盒做小手工藝，或縫補或編織、刺繡，總是不可無事閒坐。這可是幾百年留下來的隱修院傳統之一。那畫面真像老油畫裡的歐洲農婦生活隨筆。

此外，我對她們靈山天籟般的四部合音印象深刻，那歌聲簡直能淨化空氣。她們唱的很多是古拉丁文聖歌，沒有任何伴奏，只是虔誠的吟唱。我後來知道她們裡面有學經歷俱佳的音樂家，那些聖歌可是經過用心編曲的！

天主教好像對吟唱特別注重，常說要以歌聲獻給天主，或以歌聲祈禱祝福，望彌撒時，有些經文都不是用唸的，而是主祭者與信眾交互吟誦，來回烘托出一種天界對話的氣氛。

她們的祈禱特別靈驗

隱修會清規嚴峻，隱修女的生活極其單純，因此天主教徒認為她們的祈禱特別靈驗，不只一般信徒常把煩惱的事寫在紙條上，用轉箱轉給修女，要求她們「代禱」，連神父或主教遇到難以決定取捨的事，也會專程來請求代禱祝福。

就跟比丘尼削髮出家，親友總會百般不捨一樣，幾乎每位隱修女進修院時，都各有難關要突破。那天典禮上，我就看到教堂裡不少人低頭拭淚（也或許只是感動而已）。這位修女是位留美碩士，個性活潑外向，在她原來上教堂的教區裡，就一直是很有人緣及領導力的要角，入隱修會這件事讓她媽媽非常不能接受，經過長時間溝通，才終於圓滿心願。

隱修院從不輕率收隱修女，通過層層審核以後，還得經過幾年實習觀察、反覆確定，修院才會為她舉辦正式的發願、授紗典禮。授紗前，實習修女披的是白頭紗，授紗後才披正式的黑色頭紗。

一場莊嚴的美的典禮

典禮上，司儀宣召：永生天主之子的伯多祿（該修女教名）修女。

修女：主，祢召叫了我，請看，我已來到。

主祭：親愛的修女，妳向天主和聖教會求什麼？

修女：我請求天主的仁慈、修會的神貧，及在苳林加爾默羅山榮福童真瑪利亞赤足隱修院內，度朝夕共處的團體生活。

接著主祭提出：「妳已決心誓發隆重聖願，更密切地與天主結合嗎？」、「妳已決心仰賴天主的助祐，接受主耶穌和童真聖母所選擇的貞潔、服從、神貧的生活，且永遠恆心嗎？」等五個問題再次考察確認，修女都答：「我已決心。」

最後主祭才說：「願天主在妳身上開始的工作，在耶穌基督來臨的日子前，達到圓滿成全。」然後主祭引領眾人開始一長串隱修會諸聖（如聖本篤、聖方濟、聖里修小德蘭）禱文的吟唱，最後修女跪在院長姆姆前讀發願詞：

「我，永生天主之子的伯多祿修女，誓發隆重聖願，遵照赤足加爾默羅會原初會規與會憲，向天主，向加爾默羅山榮福童真瑪利亞，也向您，可敬的院長姆姆，及您的繼任者，誓許服從、貞潔和神貧，至死不渝。」

接下來是降福禮、授紗禮、聖祭禮，還有獻詩獻唱，總共近三小時，才終於禮成，主祭祝願天主讓伯多祿修女成為「祂深愛世人的標記」。

禱文美、歌聲美，這真是一場莊嚴的美的典禮！

哪裡是世俗？哪裡是天主的國度？

禮成後，來賓列隊進小會客室，伯多祿修女隔著柵欄與親友一一握手致謝。

我在一旁看她專注、熱情地招呼每個人，滿面爽朗燦爛的笑。

有位先生依序來到修女前面，突然掩面哭泣，只遞給她一個紅包，一句話也說不出來。「喔！舅舅別這樣！來來來！」她跟著蹙起眉頭，一手摟著舅舅的肩，一手托著舅舅的臉表示安慰。因時間有限，維持秩序的司儀旋即要舅舅移步，換下一位上前，修女一見到她同學帶著孩子來，又立刻蹲下來逗孩子玩，剛才面對舅舅的氣氛一絲不留。

就這樣，將近一小時的會客時間絕無冷場，修女也沒半點應付式的倦容，我自嘆弗如！

那天離開隱修院，我開車上鄰近的飛鳳山轉轉。山頭上油桐花一片白茫茫，隨風四散；山腳下新竹大城小鎮一片灰濛濛，像另一個世界。哪裡是世俗？

哪裡是天主的國度呢？

遠望夕照染紅西天時，我忽然憶起，上回離開隱修院後，和文化圈一位長輩小聚，我陶醉地描述隱修院見聞、讚嘆隱修院內的修行真不容易，他聽完只點點頭微笑說：「呵呵，隱修院外的修行更不容易！」

哪天再會，聊起今日典禮，要是我說隱修女能這般捨離、放下，真令人羨慕，不知他又會對我這紅塵女說些什麼？

（中時電子報 作家部落格 二〇〇六年四月六日）

YLib 遠流博識網
http://www.ylib.com E-mail: ylib@ylib.com
ISBN 978-957-32-7457-5（平裝）

YLL19
用靜默，擁抱世界
加爾默羅隱修生活的真諦

編務顧問：奚淞
編著：林保寶
攝影：林保寶
繪圖、照片提供：加爾默羅隱修會修女
校文：劉嘉玲
執行主編：曾淑正
美術設計：雅堂設計工作室
行銷企劃：叢昌瑜

發行人：王榮文
出版發行：遠流出版事業股份有限公司
地址：台北市南昌路二段八十一號六樓
劃撥帳號：0189456-1
電話：（02）23926899　傳真：（02）23926658
著作權顧問：蕭雄淋律師
法律顧問：董安丹律師
二〇一四年七月十六日 初版一刷
行政院新聞局局版台業字第 1295 號
售價：新台幣三〇〇元
如有缺頁或破損，請寄回更換

國家圖書館出版品預行編目（CIP）資料

用靜默，擁抱世界：加爾默羅隱修生活的真諦 / 林保寶編著. -- 初版. -- 臺北市：遠流, 2014.08
面；　公分
ISBN 978-957-32-7457-5（平裝）
1. 天主教 2. 靈修
244.93　　103012868